PRÊT-À-SERVIR

Louise Rivard

MODUS VIVENDI

© 2009, Les Publications Modus Vivendi inc.

LES PUBLICATIONS MODUS VIVENDI INC.
55, rue Jean-Talon Ouest, 2ᵉ étage
Montréal (Québec) H2R 2W8
Canada

www.modusaventure.com

Directeur éditorial et artistique : Marc Alain
Designers graphiques : Émilie et Catherine Houle
Photographe : André Noël
Styliste culinaire : Simon Roberge
Réviseure : Andrée Laprise

ISBN 978-2-89523-615-3

Dépôt légal – Bibliothèque et Archives nationales du Québec, 2009
Dépôt légal – Bibliothèque et Archives Canada, 2009

Nous reconnaissons l'aide financière du gouvernement du Canada par l'entremise du Programme d'aide au développement de l'industrie de l'édition (PADIÉ) pour nos activités d'éditions.

Gouvernement du Québec – Programme de crédit d'impôt pour l'édition de livres – Gestion SODEC

Imprimé en Chine

*Mes remerciements chaleureux à toute l'équipe de Modus Vivendi,
à mon éditeur et directeur éditorial et artistique, Marc Alain, pour
la réalisation de ce livre pratique et original. Impossible de rester de
glace en feuilletant les pages empreintes par la touche artistique du
merveilleux travail de Émilie et Catherine Houle, designers graphiques
qui ont insufflé un air de fraîcheur à mes créations culinaires.
Merci également à la belle lumière d'André Noël, photographe
et Simon Roberge styliste culinaire. Ces magnifiques images vous
donneront sûrement le goût de cuisiner toute une variété de bons
plats réconfortants à congeler tout au long de l'année !*

Louise Rivard, Auteure
www.louiserivard.com

Table des matières

Introduction 5

Le congélateur : Tout ce que vous devez savoir 6

Congeler vos aliments 16

Durée d'entreposage des aliments 44

Recettes

Bouchées et entrées 50

Soupes et potages 68

Plats de résistance à base de viande de bœuf et autres 84

Plats de résistance à base de poulet 102

Plats de résistance à base de porc 122

Plats de résistance à base de poissons et fruits de mer 136

Plats divers 154

Desserts et boulangerie 176

Recettes de base 208

Index 220

À propos de l'auteur 222

Introduction

Les avantages de la congélation sont connus depuis plusieurs milliers d'années et c'est principalement dans le domaine alimentaire qu'on la remarque au quotidien. Elle est devenue indispensable puisqu'elle nous permet de consommer des aliments sains et variés provenant des quatre coins du monde, et ce, tout au long de l'année. Il suffit d'appliquer les bases de préparation et d'emballage pour garantir une bonne congélation. Ces outils sont clairement détaillés dans les pages d'introduction.

Faites en sorte que le congélateur devienne votre « placard » de réserves qui vous dépannera au bon moment. Car si on ne peut cuisiner avec des aliments frais, on se tournera alors vers les produits que l'on a congelés, par exemple un bon plat réconfortant. C'est l'un des avantages qu'offre la congélation domestique.

Un conseil : testez les produits alimentaires ou une nouvelle recette auprès des membres de votre famille avant d'en faire des réserves. S'ils plaisent, alors surveillez les aubaines, les récoltes saisonnières des producteurs locaux pour en faire des provisions et doublez les recettes à congeler.

La congélation de réserves alimentaires est particulièrement utile pour les personnes suivant un régime spécial, pour avoir sous la main de bons aliments pour bébé, des ingrédients particuliers plus rares, des repas complets si pratiques ou au moment d'organiser des réceptions. Le congélateur peut vous éviter bien des gaspillages. Au fil des mois, outre le temps sauvé grâce à un minimum de planification, vous ferez des économies d'énergie.

Cet ouvrage dresse un survol des principaux rudiments, méthodes et trucs indispensables en plus de vous offrir de succulentes recettes à congeler pour vous faciliter la vie et ainsi vous faire profiter des plaisirs de la congélation.

Bonne cuisine et bonne congélation !

Comment choisir son congélateur

Avant tout, mesurez l'espace disponible prévu avant de vous rendre chez le marchand. Et prévoyez grand, sinon il se peut que vous regrettiez d'avoir acheté un trop petit appareil.

S'il s'agit de remplacer un appareil vieux de plus de 15 ans, vous ferez également des économies d'énergie substantielles. Les congélateurs modernes (normes européennes : classes A+ et A++ et normes canadiennes : cotes ÉnerGuide) consomment beaucoup moins d'énergie soit environ le quart, voire la moitié moins d'énergie totale qu'un ancien modèle (en Europe les modèles classés A). Les congélateurs remis à neuf ne sont donc pas réellement une bonne solution.

Informez-vous auprès de votre municipalité concernant les normes de récupération des vieux appareils.

Comment interpréter cette étiquette :
La cote ÉnerGuide des congélateurs horizontaux à dégivrage manuel est d'une capacité de 21,5 – 23,4 pi3 :
Meilleur rendement 552 kWh par année
Moins bon rendement 588 kWh par année

Évaluation de la capacité

Il est suggéré de remplir le congélateur aux trois quarts de sa capacité. Ainsi une meilleure circulation d'air augmentera l'efficacité de l'appareil. En Europe, il faut porter attention à la classe climatique de l'appareil fournie dans la documentation du fabricant et qui définit les fourchettes de températures ambiantes. En deçà ou au-delà de ces valeurs, l'appareil risque d'être moins performant et de consommer plus d'énergie; en d'autres cas, si la température est basse, le moteur peut s'arrêter.

Prenez les bonnes mesures

Mesurez l'endroit où vous désirez installer l'appareil.

Mesurez la hauteur, en tenant compte de l'espace d'ouverture de la porte horizontale ou verticale. Prenez note du côté d'ouverture de la porte verticale et vérifiez si le modèle propose une porte démontable.

Mesurez la largeur nécessaire et le volume en laissant un peu d'espace autour pour favoriser une bonne circulation d'air nécessaire au système de refroidissement.

Le fabricant indique la capacité de l'appareil en termes de poids d'aliments (kg ou livres) et en pieds cubes pour les appareils nord-américains. Ce qui équivaut à l'espace que vous aurez pour le rangement des aliments.

Règle de calcul de la capacité totale d'un congélateur

Capacité totale = longueur x largeur x hauteur

Calcul du coût énergétique

Il est recommandé de maintenir la température à −18 °C (0 °F). Certains appareils offrent l'option de congélation rapide à −25 °C (−13 °F) pendant moins de 4 à 5 heures. Le coût et l'efficacité du congélateur dépendent du bon maintien de la température.

Consultez les informations du fabricant sur la consommation en kWh/an (kilowatts heure par an). En sachant le coût par kWh (0,0 x cent/kWh), il vous sera facile de faire un choix.

Certains modèles américains sont conçus pour les maisons alimentées à l'énergie solaire. Ils sont un peu plus dispendieux à l'achat, mais leur coût énergétique est plus bas que les modèles réguliers.

Règle de calcul du coût total d'énergie électrique d'un congélateur

Coût annuel d'électricité = qté kwh/an X coût / kWh

Quel modèle choisir ?

En pratique, il existe trois modèles sur le marché :
Coffre, bahut ou horizontal, armoire ou vertical, réfrigérateur-congélateur.

Habituellement, qui dit congélateur, pense à un appareil supplémentaire, permettant de stocker plus d'aliments.

Le modèle coffre

Aussi appelé congélateur horizontal ou « bahut », c'est de loin le plus populaire et le plus abordable. Il occupe plus d'espace de plancher que le modèle vertical. Les tailles sont variées. Le couvercle isolant est muni de contre-poids qui lui permettent de rester ouvert. Par contre si vous êtes de petite taille, vous aurez besoin d'un petit banc pour atteindre le fond.

Les tailles les plus courantes sont :

Petit : 0,14 m³ à 0,25 m³ (5 pi³ à 8,8 pi³)

Moyen : 0,28 m³ à 0,35 m³ (10 pi³ à 12,2 pi³)

Grand : 0,35 m³ à 0,47 m³ (12,2 pi³ à 16,5 pi³)

Très grand : 0,57 m³ à 0,71 m³ (20 pi³ à 24,9 pi³)

Le plus petit format de 0,20 m^3 - 7 pi^3 mesure :

89 cm - 35 po de large

87 cm - 34,2 po de haut

59 cm - 23,3 po de profondeur

Consommation énergétique : 279 kWh/an

En comparaison avec le grand modèle de 0,47 m^3 - 16,5pi^3 :

1,37 m - 54,1 po de large

88 cm - 34,7 po de haut

74 cm - 29,3 po de profondeur

Consommation énergétique : 360 kWh/an.

Le format plus compact est donc idéal pour les petits appartements ou pour un couple ayant des besoins restreints.

Points positifs :

C'est de loin le modèle le plus populaire (environ 90 % des ventes sur le marché). Il peut se ranger facilement sous un escalier, dans un sous-sol, un garage. Le choix de couleur est limité au blanc classique, mais certains modèles sont disponibles en noir.

Il peut même tenir lieu d'aire de travail en le recouvrant d'un matériau protecteur amovible dans la cuisine ou une autre pièce de la maison. Il est relativement économique à l'achat.

Sa consommation moyenne en électricité est acceptable : environ 279kWh/an à 512 kWh/an. Certains modèles ont une mousse isolante plus épaisse (allant jusqu'à 7,5 cm - 3 po) ce qui les rend très performants. L'investissement est amorti en quelques années. On peut y ranger plus d'aliments empilés en maximisant la capacité totale.

L'entreposage de denrées aux dimensions irrégulières comme des coupes de gibier, de gros poissons, une dinde, etc. occasionne moins de perte d'espace que le modèle vertical à cause des étagères. Il est muni de paniers pratiques amovibles. Il n'a besoin que d'un dégivrage annuel.

Points négatifs :

Il prend plus de place comparativement à un modèle vertical. Les gros modèles ne conviennent pas aux cuisines ordinaires. Il faut souvent disposer d'une endroit bien sec (garage, sous-sol, dessous d'escaliers). Il exige un système de classement systématique, sinon on cherche plus longtemps au fond de l'appareil. En laissant la porte ouverte trop longtemps, il se créera du givre le long des parois. Les personnes de petites tailles et les personnes âgées rejoindront difficilement les provisions tout au fond; elles pourraient également avoir de la difficulté à soulever le couvercle et à le maintenir ouvert si celui-ci ne conserve pas sa position.

Recommandations avant l'achat :

Assurez-vous de pouvoir atteindre le fond en vous penchant; assurez-vous que le couvercle reste ouvert; mesurez bien l'espace nécessaire pour l'ouvrir entièrement; vérifiez les divisions et si les paniers offerts sont emboîtables et si on peut s'en procurer des supplémentaires. Vérifiez soigneusement les différentes caractéristiques du système de congélation fournies par le fabricant telles que : un voyant lumineux indiquant que le congélateur fonctionne, un système de congélation rapide quand vous aurez de grosses quantités à congeler, un système de dégivrage (manuel dans la plupart des cas) et le réglage du froid. Les mêmes règles de conservation s'appliquent. Laissez de l'espace pour permettre à l'air de circuler entre les paquets qui sont emballés soigneusement. Voir la section Emballage, page 18.

Consultez les informations en ligne et vérifiez auprès du magasin si le modèle désiré est disponible.

Le modèle armoire

Aussi connu sous le nom de congélateur vertical ou « armoire », il devient de plus en plus populaire. D'aspect moins massif que le modèle coffre, sa porte s'ouvre vers l'avant et il ressemble à s'y méprendre au réfrigérateur congélateur conventionnel. Il offre des rayonnages réglables à l'intérieur et dans la porte, ce qui vous facilitera la vie si vous êtes moins de nature organisée. Il est plus cher que le modèle horizontal, mais il occupe moins d'espace. Les dimensions offertes sur le marché sont variées.

Les tailles les plus courantes sont :

Mini : environ 0,13 m³ à 0,16 m³ - 4,7 à 5,5 pi³

Petit : environ 0,23 m³ - 8 pi³

Moyen : environ 0,39 m³ - 13,7 pi³

Grand : de 0,47 m³ à 0,5 m³ - 16,5 pi³ à 17,7 pi³ inclusivement

Très grand : de 0,58 m³ à 0,59 m³ - 20,6 pi³ à 21 pi³ inclusivement

Le petit modèle de 12,2pi³ - 0,35 m³ : 0,71m - 28 po de large

1,51 m - 59,6 po de haut

66 cm - 25,9 po de profondeur

Consommation énergétique : 564 kWh/an

En comparaison avec :

Le grand format de 16,5 pi³ - 0,47 m³ mesure :

81 cm - 32 po de large

1,65 m - 65,1 po de haut

68 cm - 26,6 po de profondeur

Consommation énergétique : 615 kWh/an

Points positifs :

Ils sont plus esthétiques que les modèles horizontaux. Plus de choix de couleurs et de modèles (ex. en acier inoxydable). Format idéal pour les petits appartements ou pour un couple ayant des besoins restreints. Il possède plusieurs tablettes réglables et parfois des paniers à glissières pratiques, ce qui facilite la recherche et le classement des aliments. Les plus gros modèles sont munis du système de congélation rapide. La plupart ont un système de dégivrage automatique. Il faut le dégivrer 2 fois par année en moyenne, car on ne l'ouvre pas tous les jours.

Points négatifs :

Il est plus cher que le modèle horizontal. Sa consommation moyenne en électricité est un peu plus élevée : 615kWh/an pour le modèle de 0,47m³ - 16,5 pi³ (surtout à cause du dégivrage automatique). L'investissement s'amortit sur une plus longue période proportionnellement à l'usage et aux économies réalisées. Sa capacité totale ne permet pas de ranger autant d'aliments qu'un modèle horizontal. La perte énergétique est chaque fois que la porte est ouverte parce que son étanchéité est imparfaite et que ses parois sont plus minces qu'un congélateur horizontal. L'entreposage de denrées aux dimensions irrégulières est moins aisé, voire difficile, ce qui occasionne plus de perte d'espace que le modèle horizontal.

Recommandations avant l'achat :

Vérifiez bien si la porte est démontable. Prévoyez de quel côté elle devra être installée. Vérifiez les caractéristiques du système de congélation comme le système de dégivrage automatique ou manuel et le réglage du froid. Vérifiez chaque année l'étanchéité des joints de caoutchouc. Pour ce faire, glisser un billet et s'il ne tient pas fermement, cela indique que les joints sont moins efficaces et vous devrez rajuster la porte. Cela permettra de maximiser votre coût énergétique et la qualité de congélation de vos produits. Les mêmes règles de conservation s'appliquent. Consulter le tableau comparatif à la page 44. Laissez de l'espace pour permettre à l'air de circuler entre les paquets qui sont emballés soigneusement. Voir la section Emballage, page 18. Consultez les informations en ligne ou par téléphone sur les modèles disponibles, les couleurs ainsi que sur les délais de livraison.

Congélateur combiné au réfrigérateur

Il existe des modèles combinés qui sont jumelés. Le congélateur est offert séparément du réfrigérateur ce qui est très pratique si vous voulez encastrer vos appareils. Les couleurs et les finis ont évolué. Le congélateur a toujours un contrôle de la température indépendant de celui du réfrigérateur. La capacité du réfrigérateur et du congélateur combinés varie entre 0,05 m³ et 0,5 m³ (1,7 pi³ et 18 pi³). Les mêmes règles de conservation s'appliquent. (Voir Congelez vos aliments, page 16). Laissez de l'espace pour permettre à l'air de circuler entre les paquets qui sont emballés soigneusement. Voir la section Emballage, page 18.

Les résultats d'une congélation dans ces congélateurs diffèrent d'un appareil à l'autre. Vérifiez bien les caractéristiques du modèle.

Points positifs :

Appareil très facile d'accès. Le rangement dans le congélateur est facilité par les quelques tablettes et les compartiments logés dans la porte. Il sert habituellement à stocker des aliments déjà congelés achetés chez l'épicier. La plupart des modèles ont tout de même une bonne capacité de congeler les aliments à cœur puisque la température peut atteindre −20 ºC (−4 ºF). La plupart des aliments seront congelés à cœur en moins de 24 heures. Les nouveaux modèles permettent de conserver les aliments pratiquement aussi longtemps que dans un congélateur vertical ou horizontal. Il occupe peu d'espace de plancher. Il est muni du dégivrage automatique.

Points négatifs :

On ne peut stocker beaucoup d'aliments sans le surcharger. Les possibilités de congélation sont bien sûr limitées au volume restreint de l'appareil. Peu pratique pour congeler des denrées plus volumineuses sans enlever une tablette et limiter son utilisation pour un certain temps. Sa dépense énergétique est supérieure en raison de son dégivrage automatique et du fait qu'on l'ouvre souvent. Il dégage pas mal de chaleur, l'appareil réchauffe la cuisine. Son coût moyen est relativement élevé.

Recommandations avant l'achat :

Vérifiez que la porte est démontable. Prévoyez de quel côté elle devra être installée. Consultez les informations en ligne ou par téléphone sur les modèles disponibles, les couleurs ainsi que sur les délais de livraison.

Entretien du congélateur

Dégivrage

Il se peut que le congélateur forme plus de givre à certaines périodes, cela dépend de votre utilisation. L'accumulation de givre peut gêner le mouvement des paniers en plus de faire augmenter les frais de fonctionnement. Il faut donc dégivrer le congélateur coffre une fois par année et le modèle vertical deux fois par année (ou selon les directives du fabricant ou de votre utilisation). Profitez-en pour faire un nettoyage à fond.

Faites cet entretien à une époque où vos réserves sont à la baisse et avant de le remplir avant de nouvelles récoltes. Comptez environ 2 heures de travail.

D'abord, éteignez le sélecteur de température ou positionnez-le sur la fonction dégivrage ou encore débranchez votre appareil. Transférez rapidement les aliments congelés dans votre congélateur-réfrigérateur (en rabaissant temporairement la température du congélateur – si nécessaire) ou demandez ce service à votre voisin en lui donnant par exemple l'un de vos petits plats maison en échange.

Enveloppez les paquets congelés séparément dans plusieurs feuilles de papier journal et entreposez-les dans des contenants hermétiques. Recouvrez les plus gros paquets de couvertures épaisses pour bloquer l'air ou déposez-les dans une glacière. Laissez l'appareil ouvert pour permettre à l'air chaud d'y entrer.

Précaution

Utilisez rapidement les aliments qui auraient commencé à dégeler. Ne recongelez pas de denrées crues, viandes et légumes qui ont décongelé. Cuisinez-les et congelez ensuite ces plats.

Trucs

Placez des bols d'eau chaude (pas bouillante) dans le fond du congélateur pour accélérer la fonte, refermez la porte et attendez une quinzaine de minutes. Cela aidera à détacher la glace. Enfilez des gants et détachez la glace au fur et à mesure avec une spatule de plastique et terminez avec un grattoir en plastique. N'utilisez pas les ustensiles pointus, couteaux ou autres, car ils risquent de perforer la paroi. Un vaporisateur d'eau bouillante est efficace.

Déposez un contenant au fond pour récupérer les morceaux de glace et l'eau. Certains appareils sont munis d'un bouchon d'écoulement relié à un système de rigoles. Refermez-le bien lorsque vous avez terminé.

Entretien régulier de l'intérieur :

Nettoyez l'intérieur avec la même solution utilisée au moment de son branchement. (Environ 15 ml - 1 c. à soupe de bicarbonate de sodium/par litre - 4 tasses d'eau tiède). Cela enlèvera les odeurs. Évitez le savon et autres détergents. Si une mauvaise odeur persiste, utilisez un mélange de vinaigre et d'eau et rincez à l'eau froide; essuyez avec un chiffon doux et sec. Laissez la porte ouverte jusqu'à ce que ce soit bien sec.

Rallumez le congélateur en réglant à la fonction congélation rapide (si l'appareil en est muni) afin d'abaisser la température rapidement.

Ne remettez pas les aliments dans le congélateur avant qu'il ait atteint la température de −18 ºC (0 ºF).

Vérifiez vos paquets et contenants et améliorez l'emballage pour éviter que ne se propage des odeurs.

Entretien régulier de l'extérieur :

Lavez les parois extérieures avec une eau tiède et légèrement savonneuse (détergent doux liquide).

Protégez la surface des égratignures en le couvrant d'une nappe ou d'un morceau d'un papier protecteur si vous l'utilisez comme plan de travail. Évitez d'y déposer des objets trop lourds.

Vérifier une fois par année l'étanchéité des joints de caoutchouc de la porte. Pour ce faire, glisser un billet ou une feuille de papier. S'il ne tient pas fermement, cela vous indique que les joints sont moins efficaces. Ils devront être ajustés.

Finalement, enlevez la poussière accumulée derrière le congélateur à l'aide d'un aspirateur, et ce, plus d'une fois par année selon le cas.

Déménagement du congélateur

En cas de déménagement, vérifiez auprès des déménageurs s'il est possible de transporter l'appareil sans le vider. Bien sûr, il faut qu'on puisse le soulever. Ce sera le dernier appareil à être déménagé et le premier emménagé. Prévoyez son emplacement, le nettoyage de l'endroit et tout autre ajustement.

Notez à votre agenda une journée à l'avance pour ne pas oublier de mettre en marche l'option congélation rapide 24 heures avant le jour du déménagement de l'appareil. Certaines compagnies de déménagement peuvent fournir de la glace sèche ou alors informez-vous où vous pouvez vous en procurer. Un ou deux paquets seraient suffisants pour la durée du déménagement. Ne déposez pas de nourriture directement sur la glace sèche.

Si vous devez vider l'appareil avant son déménagement, emballez une partie des paquets congelés séparément dans plusieurs feuilles de papier journal et entreposez-les dans des contenants hermétiques. Recouvrez les plus gros paquets de couvertures épaisses ou déposez-les dans une glacière ou dans des boîtes de fabrication maison en polystyrène ou dans des contenants isothermes. Ajoutez de la glace sèche si vous pouvez vous en procurer. Ce conseil est valable aussi quand vous n'avez qu'une courte distance à parcourir.

Évaluez les denrées à conserver. Plusieurs catégories d'aliments risquent de perdre en qualité si elles subissent une hausse de température, par exemple plats cuisinés, pâtisseries, légumes crus. L'idéal serait d'en consommer le plus possible avant le déménagement. (Consulter aussi En cas d'urgence; page 13).

Dégivrez le congélateur et nettoyez-le bien (voir Entretien du congélateur, page 11) pour éviter d'endommager les parois pendant le transport, remplissez le congélateur de boules de papier journal.

Fixez les accessoires intérieurs avec un ruban et recouvrez l'appareil d'une couverture.

En cas d'urgence : pannes et autres conseils

Trucs antipanne

Installez un thermomètre dans votre congélateur, ce qui vous permettra de constater les signes avant-coureurs d'un possible déréglement. Votre appareil doit conserver une température idéale de −18 ºC (0 ºF). En cas de problème, la température peut s'élever ou s'abaisser. Même si l'appareil est muni d'un système d'alarme ou d'un voyant lumineux, un thermomètre vous donnera l'heure juste. Avant de téléphoner au réparateur d'électroménager, faites certaines vérifications et consultez les solutions proposées ou le guide du fabricant.

En cas de panne

Ne paniquez pas. Si votre congélateur est à moitié plein, les aliments resteront congelés pendant 12 heures avant de commencer à dégeler et s'il est plein, pendant 24 heures. À la condition − bien entendu − de ne pas l'ouvrir. Plus un congélateur est rempli, mieux il conservera le froid. Pendant la panne et après la remise en marche, évitez d'ouvrir le congélateur inutilement.

Les signes à vérifier :

Premier indicateur : le voyant de marche ou lumineux est éteint. Attention, les modèles verticaux n'en ont pas.

Quelle serait la cause de cette panne ?

• La température indiquée sur le thermomètre est-elle supérieure à −18 ºC (0 ºF) ou inférieure ?
• L'interrupteur est-il sur Arrêt ?
• A-t-il été débranché ?
• Un fusible a-t-il sauté ?
• Avez-vous eu une panne d'électricité ? Courte, longue ?

Si votre congélateur s'est arrêté subitement ou aurait été débranché un certain temps puis rebranché.

Solution : vérifiez si l'interrupteur est sur Arrêt, ensuite vérifiez la prise de courant. Enlevez toute fiche d'adaptation ou cordon amovible qui ne sont pas, de toute façon, recommandés par les fabricants. Si ce n'est déjà fait, posez un ruban adhésif sur la fiche et la prise murale en inscrivant « ne pas débrancher ». Évaluez le laps de temps qui s'est écoulé depuis le débranchement et triez les denrées.

Le fusible du congélateur a-t-il sauté?

Solution : vérifiez la boîte de fusible de votre maison. Remplacez le fusible immédiatement. Évaluez le laps de temps qui s'est écoulé depuis la panne et triez les denrées.

Y a-t-il eu une panne d'électricité ?

Solution a) Si vous n'avez pas été prévenu ou étiez absent :
Vérifiez combien de temps a duré la panne, soit auprès du fournisseur d'électricité ou auprès d'un voisin ? Faites le tri des denrées. Le congélateur aura besoin d'environ 4 heures pour revenir à sa température normale.

Solution b) Si la panne a été annoncée :
La veille, réglez à « congélation rapide » ou à « maximum ». N'ouvrez pas votre congélateur pendant la panne. Si la panne risque de durer plus de 24 heures, demandez à votre boucher de conserver vos aliments dans sa chambre froide ou à une amie qui n'est pas affectée par cette panne.

Si la panne a duré moins de 6 heures

Solution : n'ouvrez pas le congélateur pendant la panne, les aliments seront intacts, car la réserve de froid a été suffisante. Après la panne, triez les denrées.

Si la panne a duré entre 6 à 10 heures

Solutions : n'ouvrez pas le congélateur pendant la panne. Recouvrez-le de journaux et de couvertures pour bien l'isoler si vous avez été prévenu de la panne ou qu'elle perdure. Après la panne, triez les denrées.

Si la panne a duré plus de 24 heures

Solutions : si vous avez été prévenu, recouvrez l'appareil de journaux et de couvertures ou mieux trouver un endroit pour entreposer vos paquets. Triez les denrées, mais la plupart devront sans doute être consommées rapidement.

Si vous étiez à l'extérieur ou en voyage durant la panne

Vous n'avez pas vidé le congélateur avant votre départ.

Solution : demandez à un voisin ou à un ami d'inspecter votre congélateur en cas de panne. Fournissez-lui des consignes claires, selon le nombre d'heures qu'aura duré la panne. Cela vous évitera de tout jeter à votre retour si la panne a duré moins de 24 heures. Un nettoyage en règle sera nécessaire si tel est le cas.

Triage des denrées après une panne

Après une panne de plus de 24 heures, il vous faudra trier vos réserves :

Jetez : glaces, sorbets et autres desserts congelés du même genre, ils ne peuvent être recongelés.

Les denrées suivantes, qui ont encore des cristaux de glace, peuvent être recongelées ou cuisinées (en réchauffant la préparation puis en la portant à ébullition); sinon jetez-les et surtout ne les mangez-pas, particulièrement : la viande, le poisson, les fruits de mer, tous les aliments crus.

S'ils sont dégelés, cuisinez-les rapidement et, selon la préparation, congelez les plats. Les pains et les fruits peuvent être recongelés.

Important : en cas de doute, il est préférable de jeter.

Contrôles antidommages

1. La porte du congélateur ferme-t-elle bien ?

Il est plutôt rare qu'un paquet empêche la porte de bien se fermer, ce serait à vérifier. Si vous observez qu'une glace s'est formée autour du couvercle ou de la porte, c'est l'explication.

Solutions : vérifiez les joints d'étanchéité. Remplacez tout joint usé, fendillé, sale ou mal ajusté.

Vérifiez si le congélateur est bien au niveau. Le couvercle ne fermera pas bien si le congélateur n'est pas sur un plancher droit. Redressez au besoin, avec des morceaux de bois ou de métal entre le plancher et les pattes.

S'il y a trop de givre, dégivrez l'appareil.

Si cela dure depuis des semaines, triez les denrées.

2. De la condensation se forme sur les parois internes ou externes du congélateur

Avez-vous ouvert trop souvent le congélateur en peu de temps, ou pendant une canicule ou une forte chaleur ambiante ? La chaleur peut provoquer de la condensation visible sur les parois internes. Si la porte de votre congélateur est restée légèrement entrouverte, de la condensation extérieure peut se former également.

Solution : essayez d'ouvrir votre congélateur le moins possible pendant les périodes de grande chaleur et récupérez rapidement les aliments. Déplacer votre congélateur dans une pièce plus fraîche est aussi une option, ou encore ventilez ou abaissez la température de la pièce. Améliorez votre étiquetage : écrivez avec un feutre plus gros et écrivez en gros caractères; des étiquettes plus visibles vous éviteront de chercher trop longtemps. Vérifiez l'étanchéité de votre couvercle et le niveau de l'appareil. Tenez une liste des denrées que vous puisez. Si cela dure depuis des semaines, triez les denrées.

3. La température a considérablement baissé

Auriez-vous déposé une trop grande quantité de produits tièdes dans votre congélateur ? La surcharge est exigeante pour le moteur du compresseur.

Solution : procédez en plusieurs fois

Congélation : vos paquets, même si l'option de congélation rapide est disponible. Les aliments qui congèlent lentement risquent d'être moins savoureux. Faites refroidir les plats au réfrigérateur ou dans de la glace avant de les entreposer dans le congélateur. (Voir Congelez vos aliments, page 16.)

4. Grilles obstruées, mauvaise circulation d'air

La grille extérieure ne doit pas être obstruée par une accumulation de poussière ou d'autres matières. Le congélateur est collé à un mur et l'air ne circule pas autour.

Solution : passez l'aspirateur régulièrement pour éviter l'obstruction de cette grille. Dégagez le congélateur afin de conserver 5 à 7 cm (2 à 3 po) d'espace libre tout autour.

5. Votre congélateur semble moins efficace

Solution 1: enlevez les essuie-tout, papier aluminium, papier ciré ou autre qui tapissent les paniers ou les tablettes grillagées du congélateur. Le grillage de ceux-ci permet à l'air froid de circuler autour de vos paquets. Il est essentiel de ne pas les recouvrir.

Solution 2 : avant d'entreposer vos contenants, essuyez la condensation qui s'est formée en les laissant refroidir préalablement au réfrigérateur.

Solution 3 : une forte odeur se dégage de votre congélateur. Certains aliments ont été mal emballés. Remettez ces aliments dans des contenants hermétiques.

Solution 4 : en cas de bruit de « ferraille » ou de vibration autre que les bruits normaux de « bouillonnement » causés par le liquide réfrigérant ou une sorte de craquement ou bruit du compresseur quand il se met en marche, vérifiez le plancher : le congélateur n'est pas au niveau ou encore il touche le mur, éloignez-le de 5 à 7 cm (2 à 3 po). Si vous ne pouvez résoudre ce problème téléphonez à un réparateur autorisé.

Solution 5 : si la température ambiante est plus élevée que la normale, le moteur fonctionne plus longtemps. Ventilez la pièce ou abaissez la température, sinon évitez d'ouvrir le congélateur trop souvent.

6. Départ prolongé

Vous planifiez des vacances ou un départ prolongé ?

Solution : si vous vous absentez plus de 3 mois, videz le congélateur, dégivrez et nettoyez-le bien à l'eau tiède additionnée de bicarbonate de sodium (voir section entretien du congélateur page 11). Laissez la porte entrouverte.

Congeler vos aliments

Le principe de base de la congélation consiste à amener rapidement les aliments à une température très basse qui se situe entre −25 ºC et −30 ºC (−13 ºF et −22 ºF). Ils doivent être congelés « à cœur », soit jusqu'au centre ou, si vous voulez, de « part en part ». En utilisant l'option congélation rapide ou maximum, l'eau que les aliments contiennent se transforme en cristaux très fins. Les gros cristaux de glace déchirent les fibres, causant des dommages irréversibles aux aliments. poursuivez la conservation normale à −18 ºC (0 ºF) 24 heures après la congélation rapide. La congélation stoppe la croissance des bactéries (micro-organismes), sans pour autant les tuer. Les changements chimiques sont également annulés. Ainsi, un plat décongelé devrait être consommé rapidement, le jour même en fait, car les bactéries recommencent alors à proliférer, tout comme on ne recongèle pas un plat partiellement décongelé pour la même raison. On parle ici de congélation et non de surgélation, un procédé de conservation à froid utilisé dans l'industrie alimentaire qui permet de congeler très rapidement les aliments à des températures variant entre −35 ºC à −196 ºC (-31 ºF), pour ensuite les maintenir à −18 ºC (0 ºF). Les aliments « surgelés » se conservent plus longtemps que les aliments congelés à la maison.

Règles d'or

Les principales étapes pour réussir la congélation

Préparation

Choisir des aliments de première qualité et très frais. N'oubliez pas que la congélation n'améliore pas la valeur nutritive ou le goût.

Méthode de congélation pour toutes les denrées

Afin d'éviter tout risque de contamination, il faut opérer dans de bonnes conditions d'hygiène :

- assurez-vous de la propreté des ustensiles et des surfaces utilisés;
- procédez rapidement;
- lavez-vous les mains avant de manipuler les aliments à congeler;
- triez, nettoyez, lavez, pelez au besoin les légumes et les fruits;
- blanchissez et refroidissez rapidement les légumes au besoin : cela réduit l'amertume et annule l'activité de l'enzyme responsable des changements de couleur, de saveur et de texture;
- dégraissez et désossez les viandes et les aliments gras, égouttez les fritures;
- refroidissez rapidement les aliments après cuisson, par exemple en utilisant un bain de glaçons ou le réfrigérateur;
- évitez les trop grosses portions pour une meilleure congélation à la fois plus rapide et plus économique;
- utilisez la méthode de congélation à découvert pour les aliments fragiles (voir, page 19);
- enveloppez l'aliment ou le plat de 2 feuilles de pellicule plastique ou d'une feuille d'aluminium épaisse avant de le déposer dans un sac à congélation;
- emballez les portions dans des contenants propres et hermétiques;
- laissez un espace libre (environ 2 à 2,5 cm − ¾ à 1 po) entre les aliments et le couvercle en raison de l'expansion liée à la congélation;
- expulsez l'air des sacs de congélation;

- ajoutez une pellicule plastique supplémentaire s'il y a un espace (donc de l'air) entre le couvercle et les aliments (et au fur et à mesure pour les contenants de crème glacée et sorbet);
- étiquetez et marquez lisiblement les paquets;
- congelez rapidement de part en part en laissant un espace pour l'expansion, à température maximale pendant 24 heures dans un secteur isolé du congélateur pour ne pas réchauffer les autres produits déjà congelés;
- n'empilez pas les paquets : posez-les côte à côte pour en accélérer le processus. Une fois congelés disposez-les en pile;
- augmentez la température à −18 ºC (0 ºF) ou choisissez l'option « régulier ».

Trucs

1. Quand vous cuisinez, réduisez l'assaisonnement (sel et poivre, épices et herbes); assaisonnez les plats cuisinés une fois décongelés, car les épices et les herbes perdent leur goût durant une conservation prolongée.

2. Les aliments maigres se conservent plus longtemps que les aliments gras : dégraissez les viandes le plus possible avant de congeler.

3. Faites congeler rapidement les baies (bleuets, fraises, etc.) en les étalant sur une plaque de cuisson recouverte d'une feuille d'aluminium (méthode dite « à découvert »); une fois congelées, rangez-les dans une boîte ou un sac de congélation.

4. Laissez 2 cm (½ po) entre les sauces et potages et les couvercles en raison de la dilatation (expansion).

5. Rangez les aliments par catégorie, cela évitera de chercher longtemps un plat et ainsi de former du givre.

6. Dressez une liste des produits congelés avec le nom, date de congélation et date limite.

7. Installez un tableau près du congélateur, où chaque membre de la famille pourra inscrire les denrées qu'il y a pigées. Vous pourrez ainsi faire un bon suivi et remplacer les denrées manquantes.

8. Vérifiez chaque mois la liste et utilisez les aliments avant qu'ils soient périmés.

Emballage

Un bon emballage prévient la déshydratation, les brûlures, la perte des valeurs nutritives, des parfums et de la saveur. Il est tout aussi important que des aliments de qualité ou l'achat d'un appareil haut de gamme. Achetez de bons emballages imperméables et étanches et en plusieurs variétés de grandeurs et de types (contenants, sacs, feuilles), selon vos besoins.

Si vous n'utilisez pas de pellicule plastique spécialement conçue pour la congélation ou des récipients d'aluminium servant à la cuisson et à la congélation, enveloppez de deux pellicules plastique et d'une feuille d'aluminium bien serrée ou d'un sac de polyéthylène (plastique) la plupart des aliments. Retirez le plus d'air possible en utilisant un appareil conçu à cet effet (de type emballage sous vide) ou une paille. Il existe des pellicules adhérentes très pratiques qui permettent d'isoler le produit presque aussi efficacement que le ferait un appareil d'emballage sous vide.

Ne congelez pas les denrées directement dans l'emballage du supermarché, surtout s'il ne recouvre pas étroitement l'aliment, car ils risquent de moins bien se conserver. Rangez les aliments au réfrigérateur, puis emballez-les dans des contenants ou sacs adéquats et étiquetez-les.

Un bon emballage évite que des odeurs soient transférées entre les aliments, pensez aux cubes de glace laissés à l'air libre. Choisissez les contenants et emballages adéquats, selon les portions dont vous avez besoin.

L'équipement

• une variété de contenants d'aluminium et de plastique, de différentes tailles;

• une plaque à cuisson pour congeler à découvert (par exemple les baies);

- du papier parchemin ou ciré (paraffiné), de la pellicule plastique et du papier d'aluminium épais; du carton pour les bases et les boîtes pour protéger les gâteaux et pâtisseries;
- des sacs de plastique épais (polyéthylène) à glissières ou avec attaches gainées de plastique, conçus pour la congélation;
- des pellicules adhérentes spécialement conçues pour la congélation;
- des pailles pour évacuer l'air;
- un appareil à scellage thermique et une réserve de rouleau plastique (facultatif);
- étiquettes autocollantes résistantes au froid;
- feutre permanent (indélébile).

Trucs pour l'emballage

1. Conservez les légumes qui contiennent beaucoup d'eau dans des sacs de papier d'emballage (kraft) au réfrigérateur afin qu'ils restent croquants plus longtemps, jusqu'au moment de les blanchir ou de les cuisiner.

2. Utilisez des contenants peu profonds pour les grands plats. Ainsi ils prendront moins de temps à congeler.

3. Congelez les sacs à plat.

4. Évitez les bocaux en verre qui risquent d'éclater au froid.

5. Évitez les élastiques, le froid intense les abîmera.

6. Recyclez les contenants, s'ils ont été conçus pour la congélation (ex. : contenants à crème glacée).

7. Doublez d'une feuille d'aluminium épaisse votre cocotte ou l'ustensile de cuisson qui servira à réchauffer votre plat cuisiné en laissant une bonne hauteur dépasser qui servira à emballer hermétiquement. Une fois congelé, démoulez, enveloppez hermétiquement, étiquetez.

8. Congelez la viande ou un plat cuit à réchauffer au micro-ondes directement dans un sac à congélation.

9. Divisez les portions dans un même plat en disposant deux feuilles de papier parchemin ou ciré.

10. Évitez tout contenant à petite ouverture si vous désirez réchauffer sans avoir à décongeler, à moins que vous n'utilisiez entièrement le contenu.

11. Privilégiez les contenants rectangulaires ou carrés, car ils occupent moins de place et s'empilent mieux que des contenants ronds.

12. Utilisez des étiquettes de couleur différente : par exemple rouge pour les viandes, vert pour les légumes, rose pour les fruits, blanc pour la boulangerie, bleu pour les produits laitiers, etc.

13. Inscrivez la date limite approximative de conservation en vous guidant sur le tableau de conservation des aliments congelés.

14. Faites une copie « aide-mémoire » du tableau de conservation des aliments congelés brochée à la liste de vos denrées contenues dans votre congélateur et aussi à l'intérieur de votre congélateur ou sur le mur protégé d'une enveloppe plastique.

Note : la mention « sacs de plastique » est employée ici pour remplacer le terme sac de polyéthylène. Il s'agit de sacs spécialement conçus pour la congélation.

Méthode de congélation à découvert

Pour congeler des aliments fragiles sans risquer de les briser, tels que des petits fruits (fraises, framboises), des biscuits à la cuillère, certains légumes comme des courgettes tranchées, des boulettes de viande, on utilise la méthode à découvert.

1. Recouvrez une plaque de cuisson ou une assiette d'une feuille de papier parchemin ou d'aluminium.

2. Étalez les aliments en évitant qu'ils se chevauchent.

3. Une fois congelés (1 heure ou plus), emballez-les rapidement dans un contenant ou dans un sac à congélation, évacuez l'air, étiquetez et remettez au congélateur.

Les aliments qui se congèlent facilement

Viandes, volailles, poissons et fruits de mer

Plats cuisinés

Soupes et potages

Produits laitiers et autres :
    Lait de vache, de soja, de riz
    Fromages
    Beurre

Pâtisseries

Boulangerie

Sauces

Bouillons

Fruits

Légumes

Autres produits à conserver dans son congélateur

Beurres aromatisés

Bouillons et fonds

Infusions (café, thé, tisanes)

Boulangerie (pains, croûtons, croissants, crêpes, etc.)

Fromage à pâte dure

Herbes fraîches

Jus et zeste d'agrumes (citron-lime)

Tranches d'orange et de citron

Oranges entières à confiture (amères, sanguines)

Blancs d'œufs crus

Pâtes à tarte, à pizza, à biscuits crues

Mélange à croustades et panures crus

Les aliments qui ne se congèlent pas

Gibier faisandé

Viandes grasses

Tous les légumes à « salade » à forte teneur en eau tels que : concombre, laitues, chou chinois, bok choy, céleri, cresson, endives, tomates et radis

Pomme de terre (bouillie, purée, en plat ou seule)

Œufs dans leur coquille

Œufs (crus avec restrictions)

Blanc d'œuf cuit dur

Glaçages à base de blanc d'œuf

Crème sure de moins de 35 % mg

Crème fraîche liquide de 18 % mg

Melons d'eau

Meringues

Mayonnaise

Crème pâtissière

Plats à base de gélatine

Pâtes alimentaires

Pâte d'amandes

La décongélation

La règle de base de la décongélation des aliments repose sur la prudence. Ne décongelez jamais un aliment à température ambiante (« sur le comptoir »), mais bien au réfrigérateur afin d'éviter la contamination bactérienne. Couvrez l'aliment à décongeler d'une pellicule plastique pour minimiser la contamination ou laissez-le dans son emballage. N'oubliez pas qu'au moment de la décongélation, le processus de croissance bactérienne et les changements chimiques recommencent. Il faut donc consommer rapidement ce qui a été décongelé. Ne recongelez pas un aliment partiellement décongelé. Par contre, s'il est incorporé à une plat cuisiné, il peut être recongelé.

Astuces de décongélation

- Pour une décongélation rapide, immerger le paquet dans l'eau froide que vous renouvelerez régulièrement. Veillez à ce qu'aucune partie de l'aliment ne soit en contact avec l'air ambiant.
- Le papier parchemin est excellent pour réchauffer au four ou au micro-ondes.
- Déposez le plat congelé enveloppé d'une feuille d'aluminium ou de pellicule spéciale de cuisson dans un plat (de verre ou une cocotte) directement au four.
- Décongelez uniquement les quantités dont vous avez besoin, car les surplus ne se recongèlent pas.
- Ne réchauffez pas l'aliment au micro-ondes directement dans le contenant de plastique, certaines matières étant cancérigènes; transvidez-le dans une assiette et recouvrez d'une assiette renversée.
- Planifiez la veille la décongélation d'un plat afin de ne pas le réchauffer longtemps au four, ce qui augementera votre consommation d'énergie.

Conseils généraux pour les principaux aliments de base

Viande

Bœuf, veau, porc et agneau

Crue : viandes fraîches provenant du boucher ou du supermarché seulement. Procéder rapidement et de façon hygiénique autant pour les pièces de viande que pour la viande hachée. Enlever tout excès de gras et les os qui risquent d'abîmer l'emballage. Trancher les grosses pièces de viande en portions pour un repas. Envelopper en portions individuelles steaks, filets, côtelettes et escalopes et regrouper dans un paquet ou dans un sac de congélation.

Diviser les portions (dos à dos) avec une double feuille de papier parchemin ou cirée. Conserver les os à part pour faire un bouillon. Emballer et étiqueter.

Durée de congélation : selon la coupe : rôtis, côtelettes et steak de bœuf jusqu'à 12 mois; 6 à 8 mois pour l'agneau et le veau; retrancher 2 mois pour les cubes de viande.

Décongélation : au réfrigérateur : 6 à 8 heures par kilo (3 à 4 heures par lb). Cuiser lorsque le centre des pièces de viande est bien dégelé. Les viandes crues ne peuvent être recongelées; si elles ont été cuisinées, on peut les recongeler. La décongélation au micro-ondes est déconseillée, car elle est rarement uniforme.

Viande hachée et saucisses : procéder comme pour la viande crue et emballer et empaqueter les petits paquets (portions individuelles regroupées).

Durée de congélation : 2 à 3 mois.

Décongélation : au réfrigérateur dans l'emballage.

Viandes cuites et plats cuisinés : réfrigérer les pièces de viande ou les plats cuisinés. Enlever tout excès de gras et désosser le plus possible. Diviser en portions d'un repas. Recouvrir de sauce ou de bouillon en laissant un espace (environ 2 à 2,5cm – ¾ à 1 po) pour l'expansion. Lier la sauce au moment de servir par de la farine, par de la fécule de maïs ou d'amarante. Emballer et étiqueter. La viande recuite dans une nouvelle recette peut être recongelée.

Durée de congélation : 4 mois avec sauce; jusqu'à 3 mois sans sauce.

Décongélation : la veille au réfrigérateur dans l'emballage ou au micro-ondes.

Trucs : envelopper les os de gigot dans du papier d'aluminium pour ne pas qu'ils transpercent l'emballage.

Achetez deux petits rôtis au lieu d'un gros. Ils prendront moins de temps à congeler. N'ajoutez pas de lard (ou bacon, pancetta) au moment de la congélation mais à la cuisson.

Tête fromagée et cretons : réfrigérer après cuisson. Divisez en petites portions. Emballer et étiqueter.

Durée de congélation : jusqu'à 2 mois.

Décongélation : la veille au réfrigérateur.

Charcuteries

Boudins, saucisses : tremper dans l'eau bouillante 1 minute. Égoutter. Emballer et étiqueter.

Durée de congélation : jusqu'à 2 mois; les denrées très épicées doivent être consommées en 4 semaines.

Décongélation : la veille au réfrigérateur.

Bacon cru et cuit : congeler en portions; cuit, il se conserve moins longtemps et il perdra sa saveur. Il risque de se dessécher. Emballer et étiqueter.

Durée de congélation : jusqu'à 2 mois pour le bacon fumé; jusqu'à 5 semaines pour le non fumé.

Décongélation : lente au réfrigérateur.

Abats : seuls les abats (foie, rognons, cervelle, ris de veau) frais (quelques heures tout au plus après l'abattage) peuvent être congelés. Ils doivent être trempés deux heures dans l'eau froide et bien égouttés avant d'être emballés. Emballer et étiqueter en portions individuelles, puis regrouper.

Durée de congélation : maximum 3 mois; ne recongelez pas les farces décongelées.

Décongélation : la veille au réfrigérateur.

Volaille

Poulet

Cru : fraîchement abattus, les conserver au frais quelques jours. Ne farcissez pas la volaille avant la congélation, car les farces se conservent moins longtemps que la viande. Dégraisser si possible. Préférer deux volailles moins volumineuses à une seule grosse ou découper selon vos besoins. Congeler les abats séparément, car ils se conservent moins longtemps (voir plus haut). Emballez et étiqueter, puis regrouper.

Cuit : conserver les carcasses pour des bouillons, à conditions de congeler rapidement. Refroidir les morceaux grillés, rôtis ou cuisinés en plats. Enlever tout excès de gras et désosser le plus possible. Diviser en portions d'un repas. Recouvrir de sauce ou de bouillon en laissant un espace pour l'expansion. Lier la sauce au moment de servir de préférence. Emballer et étiqueter.

Durée de congélation : entier, jusqu'à 12 mois.

Décongélation : toujours complète, la veille au réfrigérateur pour le poulet cru.

Dinde : ce gros volatile risque d'occuper beaucoup de place dans le congélateur. Avez-vous besoin d'en avoir en réserve ? Elle se congèle crue ou cuite comme le poulet. Favoriser la congélation de viande cuite en plats cuisinés pour varier vos repas. Emballer et étiqueter.

Durée de congélation : 8 à 10 mois pour le volatile complet.

Décongélation : toujours complète, la veille au réfrigérateur pour la dinde crue.

Chapon : mêmes procédures que pour le poulet. Recouvrir les os saillants de papier d'aluminium ou ficeler bien. Emballer et étiqueter.

Oie : mêmes procédures que pour le poulet. Recouvrir les os saillants de papier d'aluminium ou ficeler bien. Emballer et étiqueter.

Foie gras : congeler rapidement les lobes très frais, préparés (vaisseaux sanguins enlevés) individuellement en suivant les procédures de congélation. Emballer dans une pellicule plastique puis d'une feuille d'aluminium, les lobes, cubes ou escalopes. Il se congèle aussi mi-cuit. Emballer et étiqueter.

Durée de congélation : jusqu'à 6 mois.

Décongélation : toujours complète, 12 à 18 heures au réfrigérateur avant cuisson.

Gras d'oie : diviser en portions pratiques. Emballer et étiqueter.

Durée de congélation : jusqu'à 2 mois.

Décongélation : pas nécessaire; mais conservez au réfrigérateur.

Caille : mêmes procédures que pour le poulet. Recouvrir les os saillants de papier d'aluminium ou ficeler bien. Emballer et étiqueter.

Gibiers à plume

Canard : même si le canard est disponible à l'année, en avoir en réserve peut vous aider à improviser un repas festif. Ne congeler que de jeunes canards à rôtir et cuisiner les gros spécimens en mijotés ou en pâtés. Ficeler les pattes et les ailes pour obtenir une forme plus compacte. Congeler les abats à part. Emballer et étiqueter.

Durée de congélation : 4 à 6 mois; abats 3mois.

Décongélation : toujours complète, la veille au réfrigérateur avant cuisson; les abats 12 heures dans leur emballage.

Gras de canard : voir Gras d'oie.

Foie gras : voir Foie gras (sous oie)

Faisans : mêmes procédures que pour le poulet, sans farcir. Recouvrer les os saillants de papier d'aluminium ou ficeler bien. Congeler les abats à part. Emballer et étiqueter.

Durée de congélation : 6 mois; abats 3 mois.

Décongélation : toujours complète, la veille au réfrigérateur avant cuisson; les abats 12 heures dans leur emballage.

Gros gibier (venaison)

Cru : tout gibier doit être bien saigné, dépouillé et dégraissé si possible. Maturer en chambre froide 24 à 48 heures avant de congeler. Ne jamais congeler du gibier faisandé*. Le gros gibier à pelage sera congelé immédiatement après le dépeçage. Préférer de petites coupes moins volumineuses (moins de 2 kg – 5 lb) pour une congélation rapide ou découper selon vos besoins. Emballer et étiqueter.

*Donner à un gibier un fumet accentué en lui faisant subir un commencement de décomposition.

Cuit : réfrigérer les morceaux grillés, rôtis ou cuisinés en plats.

Enlever tout excès de gras et désosser le plus possible. Diviser les rôtis et autres parties en portions pour un repas. Recouvrer de sauce ou de bouillon en laissant un espace pour l'expansion. Lier la sauce au moment de servir de préférence. Diviser les portions individuelles (dos à dos) par une double feuille de papier parchemin ou ciré. Emballer et étiqueter.

Durée de congélation et décongélation : voir viande.

Lapin et lièvre

Cru : traiter comme du gibier et congeler frais. Congeler les abats séparément, car ils se conservent moins longtemps. Emballer et étiqueter.

Cuit : les plats cuisinés se congèlent bien. Recouvrer de sauce ou de bouillon en laissant un espace pour l'expansion. Lier la sauce uniquement au moment de servir de préférence. Emballer et étiqueter.

Durée de congélation : jusqu'à 6 mois.

Décongélation : complète environ 18 heures, selon la taille, au réfrigérateur avant cuisson.

Poisson

Cru : congeler très frais, après la capture en entier ou en morceaux, en filets ou en darnes. Habituellement, le poisson offert chez le poissonnier ou au supermarché a déjà été congelé (« surgelé » à bord des bateaux de pêche). Il faut le consommer rapidement. Les poissons entiers frais pêchés une fois écaillés et vidés, tête et nageoires coupées et bien asséchés à l'intérieur et à l'extérieur. Pour conserver la forme, remplissez l'intérieur de papier d'aluminium. Découper les grosses pièces de plus de 2 kg en filet ou en darnes. Emballer (préférer le papier d'aluminium épais) et étiqueter, puis regrouper.

Durée de congélation : jusqu'à 3 mois pour les poissons gras : saumon, thon, truite; environ 6 mois pour les poissons maigres comme la morue, la sole, l'aiglefin.

Décongélation : entier : la veille au réfrigérateur dans son emballage; les darnes, filets et autres découpes se cuisent congelés. Cuire au four préchauffé à 230 ºC (450 ºF) soit en moyenne 12 minutes par 2,5 cm - 1 po d'épaisseur.

Fruits de mer

Crevettes

Crues : 1ʳᵉ méthode : laver à l'eau salée. Retirer la tête et la queue sans les décortiquer. Emballer et étiqueter. Décortiquer après décongélation. 2ᵉ méthode : cuiser 2 à 4 minutes (selon la grosseur) dans l'eau bouillante salée, égoutter et refroidir. Emballer et étiqueter.

Cuites : les crevettes cuites réchauffées risquent d'être moins coriaces lorsqu'elles sont cuisinées dans des plats en sauce (légumes sautés, quiches, pâtés). Recouvrir de sauce ou de bouillon en laissant un espace pour l'expansion. Lier plutôt la sauce au moment de servir. Emballer et étiqueter.

Durée de congélation : 2 à 4 mois.

Décongélation : pas de temps de décongélation lorsqu'elles sont crues; cuites, 2 à 3 heures au réfrigérateur dans leur emballage ou immergées dans l'eau froide; cuire légèrement ou servir froides.

Crabe et langouste

Cru : congeler les spécimens qui viennent tout juste (moins de 24 heures) d'être pêchés. Emballer et étiqueter.

Cuit : cuire et retirer la chair de la carapace et refroidir. Emballer et étiqueter.

Durée de congélation : jusqu'à 1 mois.

Décongélation : 6 à 8 heures au réfrigérateur dans leur emballage.

Langoustines : procéder comme pour les crevettes.

Homard : seuls les spécimens vivants ou fraîchement cuits, refroidis peuvent être congelés. Emballer et étiqueter.

Durée de congélation : jusqu'à 1 mois.

Décongélation : 6 à 8 heures au réfrigérateur dans leur emballage.

Coquillages

Huîtres, Moules, Palourdes, Pétoncles, Saint-Jacques

Cru : choisir des coquillages pêchés le jour même et fermés. Faire ouvrir à l'eau bouillante puis rincer à l'eau fraîche. Jeter les coquillages qui sont restés fermés et retirer les mollusques. Emballer dans des contenants permettant d'ajouter assez d'eau salée en diluant 2,5 g (½ c. à thé) de sel de mer par litre d'eau - 4 tasses) jusqu'à 2, 5 cm (1 po) du bord puis étiqueter.

Cuit : ne pas congeler de coquillages cuits, car leur texture ne sera plus attrayante.

Durée de congélation : jusqu'à 1 mois.

Décongélation : cuire directement congelés en faisant attention de ne pas trop cuire.

Œufs et produits laitiers

Œufs : casser des œufs très frais entiers et les mélanger sans introduire d'air dans un bol propre. Ajouter du sel ou du sucre (environ ½ c. à thé -2,5 g par douzaine d'œufs). Diviser dans de petits récipients (bacs à glaçons). Emballer dans des sacs à congélation les « glaçons », étiqueter la quantité et la variété (« œufs sucrés » ou « œufs salés »). Les œufs à la coque ne se congèlent pas (ni blanc ni jaune).

Durée de congélation : 6 à 9 mois.

Décongélation : au réfrigérateur, de 3 à 4 heures selon la quantité. Ne pas décongeler à la température ambiante.

Blancs d'œufs : battre légèrement les blancs séparés des jaunes. Diviser dans des bacs à glaçons et emballer dans des sacs à congélation étiquetés. Emballer et étiqueter.

Durée de congélation : 6 à 9 mois.

Décongélation : au réfrigérateur, de 3 à 4 heures selon la quantité. Ne pas décongeler à la température ambiante.

Jaunes d'œufs : pour éviter la coagulation (l'épaississement), ajouter un peu de sel ou de sucre (env. ¼ c. à thé -1 g par 2 jaunes). Emballer et étiqueter.

Durée de congélation : 6 à 9 mois.

Décongélation : au réfrigérateur, de 3 à 4 heures selon la quantité. Ne pas décongeler à la température ambiante.

Lait de vache : les producteurs de lait suggèrent de congeler pour un maximum de trois semaines le lait traité. Le lait faible en gras se congèle mieux. Séparer en portions. Étiqueter bien la quantité et la variété. Emballer et étiqueter.

Durée de congélation : 4 semaines.

Décongélation : au réfrigérateur pour un lait à boire; à feu doux s'il est cuisiné ensuite. Ne pas décongeler à la température ambiante.

Lait de beurre : procéder comme pour le lait, mais brasser avant l'utilisation.

Durée de congélation : 4 semaines.

Décongélation : ne pas décongeler à température ambiante; dégeler lentement au réfrigérateur.

Crème fouettée : la crème liquide, épaisse à 35 % et plus de matières grasses se congèle bien légèrement fouettée et additionnée d'un peu de sucre (environ 5 g - 1 c. à thé par 150 ml - 2/3 tasse) pour éviter la séparation à la décongélation. Vraiment fraîche, fouettée et sucrée (Chantilly), elle se congèle en contenant ou sur une plaque en formant de petites rosettes à la pochette à douille. Étiqueter la quantité et la variété. Emballer et étiqueter.

Durée de congélation : liquide de 3 à 4 mois; fouettée jusqu'à 2 mois. La crème caillée (elle doit être très fraîche) se conserve jusqu'à 12 mois.

Décongélation : lentement au réfrigérateur. Ne pas décongeler à la température ambiante.

Crème glacée : étiqueter la quantité et la variété. N'utiliser que des ingrédients frais si vous faites votre crème glacée maison. Transférer rapidement les crèmes glacées commerciales au congélateur. Emballer et étiqueter.

Durée de congélation : 3 mois.

Décongélation : les glaces maison fermes sont meilleures après un petit séjour au réfrigérateur d'environ 10 à 15 minutes avant d'être servies; les crèmes glacées molles sont servies directement du congélateur.

Beurre : le beurre frais et aromatisé se congèle dans une feuille d'aluminium bien scellée pour qu'il ne prenne pas d'odeurs. Congeler en portions pratiques.

Durée de congélation : beurre salé : 3 mois; non salé 6 mois; aromatisé et à l'ail : 1 mois.

Décongélation : aucune décongélation nécessaire s'il est utilisé directement en cuisson; laissez décongeler au réfrigérateur 3 à 4 heures; 1 à 2 heures à température ambiante (selon la quantité).

Autres laits : soja, amande, riz : La plupart de ces laits peuvent être congelés. Leur texture s'altère et peut être moins homogène une fois qu'ils sont décongelés. Emballer et étiqueter.

Durée de congélation : 3 à 6 mois.

Décongélation : les fabricants recommandent d'agiter le produit pour redonner à la boisson son velouté. Éviter de décongeler à température ambiante.

Yogourt : les yogourts commerciaux très frais, sucrés contenant un stabilisateur se congèlent, contrairement aux yogourts maison; pour éviter que le yogourt nature se sépare, sucrer au goût avec du sucre granulé, du sirop d'érable, du miel ou du fructose. Conserver dans son contenant. Emballer et étiqueter.

Durée de congélation : environ 1 mois.

Décongélation : décongeler la veille au réfrigérateur.

Tofu : le tofu ferme très frais se congèle sans eau, bien emballé. Il peut prendre une couleur plus foncée sans que son goût soit altéré. Emballer et étiqueter.

Durée de congélation : jusqu'à 2 mois.

Décongélation : la veille au réfrigérateur dans son emballage. Égoutter une fois décongelé.

Fromages

Les pâtes fermes se congèlent mieux que les pâtes molles. Les fromages comme le cheddar, le suisse et l'emmental sont râpés, en copeaux ou entiers, avant d'être bien enveloppés dans une feuille d'aluminium et gardés en paquet de 500 g (env. 1 lb) dans des sacs de congélation. Refroidissez-les avant de les congeler. Congelez à plat les sacs de fromages râpés. Emballez et étiquetez.

Durée de congélation : 3 à 6 mois.

Décongélation : au réfrigérateur dans leur emballage; les fromages râpés s'utilisent sans décongélation. Ne recongeler pas un fromage décongelé, la texture sera altérée. Éviter de décongeler à la température ambiante. Les fromages crémeux risquent de faire des grumeaux.

Les légumes

La plupart des légumes frais de saison, fermes et matures peuvent se congeler. Trier, nettoyer, laver, peler, au besoin, et blanchir, au besoin afin de réduire l'amertume et d'annuler l'activité de l'enzyme causant les changements de couleur, saveur et texture. Plonger dans l'eau glacée immédiatement après. Les temps de blanchiment peuvent varier selon la taille et la quantité de légumes. Égoutter et éponger. La congélation à découvert est souvent recommandée (voir Congélation à découvert, page 19). Transférer rapidement dans un contenant ou un sac d'emballage, extirper l'air et étiqueter.

Artichaut : couper la pointe des feuilles : feuilles externes, tige et foin enlevés; frotter avec du jus de citron; blanchir dans une eau citronnée : entiers environ 8 minutes, les cœurs environ 5 minutes (selon la taille). Refroidir avant d'emballer. Emballer et étiqueter

Durée de congélation : jusqu'à 12 mois.

Décongélation : plonger les artichauts congelés dans l'eau bouillante (citronnée) jusqu'à tendreté soit 5 à 10 minutes.

Asperge blanche ou verte : pour une conservation de plus d'un mois : couper le bout des tiges coriaces; peler selon vos besoins; blanchir 2 (tiges fines) à 4 minutes. Refroidir, trier par taille. Emballer et étiqueter

Durée de congélation : jusqu'à 12 mois.

Décongélation : plonger les asperges congelées dans l'eau bouillante salée de 2 à 4 minutes pour les servir en accompagnement. Décongeler à moitié à température ambiante pour les servir fraîches ou les sauter.

Aubergine : couper en cubes pratiques ou en tranches d'environ 1,5 à 2 cm (½ à de po) les aubergines non pelées et non dégorgées et les déposer à mesure dans une eau tiède salée et citronnée; blanchir 4 minutes. Congeler les tranches à découvert mais non les cubes, qui sont utilisés autrement. Refroidir. Emballer et étiqueter.

Durée de congélation : jusqu'à 9 mois.

Décongélation : la veille au réfrigérateur. Égoutter et éponger si vous les faites frire. Décongeler à demi pour cuisiner une moussaka ou une recette de ratatouille.

Avocat : réduire en purée la chair des avocats à point avec du jus de citron ou de lime (env. 15 ml -1 c. à soupe par fruit). Congeler directement dans des contenants ou à plat dans des sacs de plastique. Emballer et étiqueter.

Durée de congélation : environ 2 mois.

Décongélation : au réfrigérateur dans l'emballage 3 heures et environ 2 heures à température ambiante. Cuisiner rapidement en trempettes, mousses ou mélanger à un potage.

Betterave : cuire les betteraves non pelées jusqu'à tendreté dans l'eau bouillante vinaigrée (entre 15 et 20 minutes selon la taille) ou au four en les piquant à la fourchette. Égoutter, refroidir, peler et couper les plus grosses en tranches ou en cubes et laisser les plus petites entières. Il est préférable de les emballer dans des contenants plus rigides. Emballer et étiqueter.

Durée de congélation : jusqu'à 6 mois.

Décongélation : la veille au réfrigérateur dans l'emballage. Servir chaud ou froid comme légumes d'accompagnement ou en salade; décongeler à demi si elles sont cuisinées en potage.

Bette à carde (« blette ») : enlever les tiges et la partie coriace. Ne congeler que les feuilles. Même procédure que pour les épinards (voir plus bas). Emballer et étiqueter.

Durée de congélation : jusqu'à 12 mois.

Décongélation : les utiliser congelées dans des mets cuisinés.

Brocoli : couper les têtes et trancher les tiges épluchées en rondelles fines (si désiré); blanchir entre 3 à 4 minutes selon la taille. Refroidir. Emballer et étiqueter.

Durée de congélation : jusqu'à 12 mois.

Décongélation : les utiliser congelés dans des mets cuisinés, par exemple des sautés à l'oriental, potages ou lorsqu'ils sont cuits à l'eau bouillante salée.

Carotte : seules les carottes de saison méritent d'être congelés; les petites entières, les régulières seront coupées en tranches ou en dés; blanchir entre 3 à 5 minutes selon la taille; refroidir dans l'eau glacée 3 à 4 minutes. Égoutter. On peut aussi congeler la purée. Emballer et étiqueter.

Durée de congélation : jusqu'à 12 mois si elles ont été blanchies; 6 mois non blanchies; la purée jusqu'à 6 mois.

Décongélation : cuire les carottes congelées 4 à 6 minutes dans l'eau bouillante salée ou à la vapeur dans une marguerite. Réchauffer la purée à feu doux ou au micro-ondes.

Céleri-rave : choisir un bulbe avec le moins de nœud possible; peler et couper en tranches ou en cubes; blanchir 2 minutes; refroidir et éponger. Congeler à découvert. Emballer et étiqueter.

Durée de congélation : jusqu'à 12 mois s'il a été blanchi.

Décongélation : cuire le céleri-rave congelé dans l'eau bouillante salée jusqu'à tendreté ou à la vapeur; ajouter congelé à un plat cuisiné (soupes, potages et mijotés).

Champignon : seuls les champignons très frais se congèlent (cultivés ou sauvages). Enlever les parties terreuses et les nettoyer avec un chiffon humide; émincer les plus gros. Faire blanchir dans une eau citronnée ou revenir dans du beurre fondu pendant environ 2 minutes (en lamelles) et 4 minutes (pour les champignons entiers). Refroidir. Emballer et étiqueter.

Durée de congélation : crus 1 mois; blanchis ou poêlés jusqu'à 3 mois.

Décongélation : congelés dans toutes les recettes.

Chou frisé : prélever les feuilles et les laver. Blanchir 1 à 2 minutes, refroidir et sécher. Emballer et étiqueter.

Durée de congélation : jusqu'à 9 mois.

Décongélation : cuire le chou congelé dans l'eau bouillante salée ou à la vapeur; réduire le temps de cuisson si les feuilles sont farcies.

Chou rouge ou blanc : peler et émincer en ayant retiré le cœur et les nervures coriaces au besoin; blanchir 1 à 2 minutes. Refroidir. Emballer et étiqueter.

Durée de congélation : jusqu'à 12 mois s'il a été blanchi.

Décongélation : cuire le chou congelé dans l'eau bouillante salée ou à la vapeur; on peut le décongeler à la température ambiante si on souhaite l'ajouter à un plat cuisiné.

Chou-fleur : choisir un légume très blanc, choisir aussi les têtes bien serrées; couper les tiges et séparer en petits bouquets; blanchir environ 3 minutes. Refroidir. Congeler de préférence à découvert. Emballer et étiqueter.

Durée de congélation : jusqu'à 6 mois si les fleurons ont été blanchis.

Décongélation : cuire le chou-fleur congelé dans l'eau bouillante salée ou à la vapeur; on peut le décongeler à la température ambiante si on souhaite l'ajouter à un plat cuisiné.

Chou de Bruxelles : couper la base, enlever les feuilles jaunes, blanchir 3 à 5 minutes (selon la taille). Refroidir. Congeler de préférence à découvert. Emballer et étiqueter.

Durée de congélation : jusqu'à 12 mois s'ils ont été blanchis.

Décongélation : cuire les choux de Bruxelles congelés dans l'eau bouillante salée ou à la vapeur; on peut les décongeler à la température ambiante si on souhaite les ajouter à un plat cuisiné.

Chou-rave (chou-navet, kolorabi, chou pommé) : choisir les tendres sans meurtrissures; couper les tiges et les feuilles, peler, couper en dés ou en tranches, blanchir 2 à 3 minutes. Refroidir. Congeler de préférence à découvert. Emballer et étiqueter.

Durée de congélation : jusqu'à 12 mois.

Décongélation : cuire congelés dans l'eau bouillante salée ou à la vapeur jusqu'à tendreté; on peut décongeler les cubes à la température ambiante si on souhaite les ajouter à un plat cuisiné; une fois épongés, incorporer dans une salade dans les légumes sautés à l'orientale ou dans des tartares.

Courge : peler, épépiner et couper en rondelles, morceaux ou cubes. Blanchir environ 3 minutes. Refroidir. Emballer et étiqueter.

Durée de congélation : jusqu'à 9 mois; les purées se conservent jusqu'à 6 mois.

Décongélation : décongeler à température ambiante emballées pendant environ 2 heures; les cuisiner congelées dans des plats sautés, soupes et potages.

Courgette (zucchini) : regrouper par taille; couper en tranches d'environ 2 cm (3/4 po) ou les couper en longueur; blanchir rapidement préférablement à la vapeur environ 1 minute (selon la taille) ou cuire entièrement. Réduire en purée si désirée. Refroidir. Les évider si elles sont destinées à être farcies. Emballer la chair prélevée à part pour un autre usage (potage). Congeler de préférence à découvert. Emballer et étiqueter.

Durée de congélation : jusqu'à 9 mois; les purées se conservent jusqu'à 6 mois.

Décongélation : à température ambiante emballées pendant environ 2 heures; cuisiner congelées dans des plats sautés, soupes et potages.

Épinards : équeuter, hacher si désiré en conservant un peu de tige. Blanchir en petites quantités pas plus de 2 minutes; refroidir et bien presser contre la passoire avec le dos d'une cuillère pour essorer. Emballer et étiqueter.

Durée de congélation : jusqu'à 12 mois.

Décongélation : cuire congelés dans l'eau bouillante salée, à la vapeur, poêlés, dans un plat cuisiné, dans une soupe ou un potage, ou encore réduits en purée.

Fenouil : choisir des bulbes fermes; retirer les petites feuilles et couper les tiges; trancher en quatre; blanchir 3 minutes ou jusqu'à tendreté dans une eau bouillante salée; refroidir. Emballer et étiqueter.

Durée de congélation : jusqu'à 6 mois.

Décongélation : cuire le fenouil congelé dans l'eau bouillante salée environ 6-7 minutes ou employer sauté à l'orientale, en mijoté, braisé, dans les potages ou cru, bien épongé, dans les salades.

Haricots verts ou jaunes (toutes variétés) : choisir les plus fins, sans fil ou les enlever; couper les extrémités; blanchir 2 minutes entiers ou coupés. Refroidir. Emballer et étiqueter.

Durée de congélation : jusqu'à 8 mois.

Décongélation : cuire les haricots congelés dans l'eau bouillante salée, à la vapeur, poêlés ou dans un plat cuisiné.

Maïs en grains : égrener les épis frais cueillis avec un couteau et blanchir 2 minutes. Refroidir; les mélanger à d'autres légumes blanchis : pois, haricots, carottes en dés.

Maïs sur l'épis : regrouper par taille et blanchir de 4 à 6 minutes selon la grosseur. Refroidir. Emballer et étiqueter.

Durée de congélation : jusqu'à 12 mois.

Décongélation : les épis se décongèlent avant la cuisson à température ambiante de 3 à 4 heures et se cuisent à l'eau bouillante ou sur le gril du barbecue; les grains se cuisent congelés dans une eau bouillante légèrement salée, à la vapeur, poêlés ou dans un plat cuisiné.

Navet et rutabaga : choisir de petits légumes; couper en morceaux; les blanchir environ 2 à 4 minutes; couper les plus gros en dés et blanchir 2 minutes. Refroidir. La purée peut aussi être congelée. Emballer et étiqueter.

Durée de congélation : jusqu'à 12 mois blanchis et 3 mois non blanchi; la purée jusqu'à 6 mois.

Décongélation : cuire congelés dans l'eau bouillante légèrement salée; réchauffer la purée à feu doux ou au micro-ondes.

Oignons : peler, couper en rondelles ou hacher les gros oignons, blanchir 4 minutes entiers, 2 minutes les rondelles, 1 minute hachés, de même que les petits oignons entiers. Refroidir et éponger Emballer très hermétiquement et étiqueter.

Durée de congélation : jusqu'à 6 mois.

Décongélation : selon la taille, décongeler dans leur emballage 1 à 2 heures à température ambiante et ajouter aux mets cuisinés. On peut les cuisiner congelés.

Petits pois : frais du jardin, écossés et triés; blanchir à la vapeur environ 1 minute; cuire 2 à 3 minutes dans l'eau bouillante. On peut les réduire en purée. Refroidir. Emballer et étiqueter.

Durée de congélation : jusqu'à 12 mois; les purées 6 mois.

Décongélation : cuire les petits pois congelés dans l'eau bouillante légèrement salée, à la vapeur, poêlés, en sautés ou incorporés à des mets cuisinés; réchauffer la purée à feu doux ou au micro-ondes.

Poireau : enlever les grosses feuilles, couper le bout de la racine; blanchir entier 4 minutes ou 2 minutes tranché. Refroidir. Emballer et étiqueter.

Durée de congélation : jusqu'à 6 mois.

Décongélation : poêler congeler ou ajouter aux plats cuisinés.

Pois mange-tout : les choisir frais, tendres et plats; effiler à partir d'une extrémité au besoin et couper les bouts. Blanchir 1 minute. Refroidir. Congeler de préférence à découvert. Emballer et étiqueter.

Durée de congélation : jusqu'à 12 mois.

Décongélation : cuire congelés dans une eau bouillante légèrement salée, à la vapeur, poêlés, en sautés ou incorporer à des mets cuisinés.

Pois sugar snap : trier, effiler et couper les bouts; blanchir 1 minute. Refroidir. Congeler de préférence à découvert. Emballer et étiqueter.

Durée de congélation : voir pois mange-tout.

Décongélation : voir pois mange-tout.

Poivron : trancher en deux et enlever les graines et les parties blanches; couper en tranches ou en dés, conserver entier pour les piments farcis. Blanchir ou non rapidement 2 minutes et plonger dans l'eau froide. Refroidir. Emballer, de préférence dans des contenants rigides, et étiqueter.

Durée de congélation : blanchis jusqu'à 12 mois; non blanchis : 2 mois; farcis : selon les ingrédients de la farce, en moyenne 2 à 4 mois.

Décongélation : farcir congelés; cuisiner directement congelés.

Pomme de terre frite ou dorée : choisir des légumes de première qualité. Trancher et éponger. Faire une première friture — pour les saisir – de 2 minutes. Déposer sur du papier absorbant; refroidir. Emballer dans des sacs de congélation et étiqueter.

Durée de congélation : jusqu'à 3 mois.

Décongélation : frire congelées.

Tomate crue : préférer les petites. Elles se congèlent entières, coupées en deux ou en quartiers. Incisez en forme de croix à une extrémité et les jeter dans l'eau bouillante moins d'une minute : peler; refroidir. Emballer dans des contenants rigides de préférence; laisser 2 cm (env. ¾ de po) d'espace vide pour l'expansion. Étiqueter.

Durée de congélation : jusqu'à 12 mois.

Décongélation : dans leur contenant à température ambiante moins de 2 heures. S'utilisent dans les mets cuisinés (congelés dans les mijotés et soupes) dans les mêmes proportions que les tomates fraîches.

Purée, jus et sauce tomate : diviser en portions. Emballer à plat dans des sacs de congélation et étiqueter. Laisser 2 cm (env. ¾ po) d'espace vide pour l'expansion.

Durée de congélation : jusqu'à 12 mois.

Décongélation : dans le contenant à température ambiante ou au réfrigérateur; peut être chauffé à feu doux ou au micro-ondes (sauf les jus à boire frais); utiliser directement congelés dans les plats cuisinés (soupes, mijotés).

Tomatillo : voir Tomate. Peuvent être saupoudrées de sucre. Emballer et étiqueter.

Topinambour : peler, laver et sécher. On peut le trancher ou le couper en cubes. Nul besoin de le blanchir. Emballer et étiqueter.

Durée de congélation : jusqu'à 3 mois.

Décongélation : cuire 20 à 25 minutes congelées dans l'eau bouillante salée jusqu'à tendreté, à la vapeur ou au four; ajouter congelés dans les plats cuisinés.

Les fruits

La plupart des fruits frais de saison, fermes, de bonne qualité, matures et sans taches doivent être congelés rapidement après la récolte. Trier, nettoyer, laver, éponger soigneusement; peler, trancher ou couper selon vos goûts.

On les congèle nature ou blanchis selon les besoins, saupoudrés légèrement de sucre (au goût), au jus, au sirop, en compotes ou en coulis. Prévoir environ 2 cm (¾ po) d'espace pour l'expansion.

Plusieurs variétés de fruits peuvent être blanchies dans l'eau bouillante et doivent, comme pour les légumes, être refroidies dans une eau glacée. Les temps de blanchiment conseillés peuvent varier selon la taille et la quantité.

Congeler les petits fruits entiers, de préférence à découvert et rapidement; blanchir et refroidir rapidement les fruits à noyau. Ajouter un peu de jus de citron aux fruits du verger (ou de la vitamine C - acide ascorbique diluée dans un peu d'eau) pour empêcher le brunissement (l'oxydation) et un sirop léger si désiré. Emballer et étiqueter rapidement.

Abricot : blanchir 30 secondes des fruits sans taches, fermes et mûrs; peler. Couper en deux, prélever le noyau; recouvrir de sirop léger si désiré. Emballer et étiqueter.

Durée de congélation : jusqu'à 12 mois.

Décongélation : au réfrigérateur dans le contenant.

Ananas : peler et enlever le cœur; trancher en lanières, rondelles ou en cubes ou réduire en purée; congeler nature, saupoudrer de sucre ou conserver dans un sirop léger. Emballer et étiqueter.

Durée de congélation : 3 mois au maximum.

Décongélation : la veille au réfrigérateur.

Baies de sureau : choisir des baies bien mûres; nettoyer, trier; congeler de préférence à découvert; saupoudrer légèrement de sucre si désiré. Emballer et étiqueter.

Durée de congélation : jusqu'à 12 mois.

Décongélation : à température ambiante pour les cuisiner en sauces; mi-décongelées au réfrigérateur pour les utiliser en salade ou dans des desserts cuits.

Banane : congeler entières sans la peau et arroser de jus de citron. Ou écraser la chair et arroser de jus de citron. Emballer et étiqueter.

Durée de congélation : jusqu'à 6 mois.

Décongélation : congeler pour les mélanges de boissons fouettées; décongeler entre 4 à 6 heures au réfrigérateur dans son emballage.

Bleuet : laver, trier, équeuter et bien sécher; congeler à découvert; saupoudrer légèrement de sucre si désiré. Emballer et étiqueter.

Durée de congélation : jusqu'à 12 mois.

Décongélation : congelés dans des pâtisseries; décongeler dans l'emballage au réfrigérateur en moins d'une heure.

Canneberge : laver et trier et diviser en portions pratiques; congeler à découvert. Emballer et étiqueter.

Durée de congélation : jusqu'à 12 mois.

Décongélation : dans leur emballage : à température ambiante 2 heures ou au réfrigérateur.

Cantaloup : choisir des fruits sans taches, fermes et mûrs. Trancher en deux, épépiner; couper en tranches, en cubes ou faire des boules à la parisienne. Congeler à découvert. Emballer dans des sacs plastiques ou recouvrir de sirop et emballer dans des contenants rigides et étiqueter.

Durée de congélation : environ 6 mois.

Décongélation : lente au réfrigérateur dans le contenant; utiliser congelés dans les sorbets.

Cassis (groseilles noires, rouges ou blanches) : choisir les baies mûres et fermes. Laver et trier, équeuter et bien sécher; congeler à découvert; saupoudrer légèrement de sucre ou conserver dans un sirop au choix crues ou cuites légèrement (pour les utiliser en confitures) avant la congélation. Emballer et étiqueter.

Durée de congélation : jusqu'à 12 mois.

Décongélation : utiliser congelées pour les desserts cuits; conserver dans l'emballage pendant la décongélation à température ambiante pendant 30 à 45 minutes ou plus au réfrigérateur.

Cerises : laver et trier, équeuter, bien sécher et dénoyauter; congeler à découvert; saupoudrer légèrement de sucre ou conserver dans un sirop au choix. Emballer et étiqueter.

Durée de congélation : jusqu'à 12 mois.

Décongélation : à température ambiante dans leur contenant entre 2 et 3 heures.

Citron : laver et brosser; râper le zeste; congeler dans des sacs de plastique ou de petits contenants rigides; congeler les citrons évidés pour les râper une fois congelés; extraire le jus; congeler dans des bacs à glaçons ou de petits contenants rigides. Étiqueter.

Durée de congélation et décongélation : voir orange.

Citrouille crue : peler, épépiner et couper en rondelles, en morceaux ou en cubes. Blanchir environ 3 minutes. Refroidir. Emballer et étiqueter.

Cuite : cuire au four. Refroidir. Réduire en purée si désiré.

Durée de congélation : jusqu'à 12 mois.

Décongélation : dans leur contenant au réfrigérateur ou à température ambiante environ 2 heures selon la quantité et la taille des morceaux, ajouter congelés dans les desserts (aussi en purée) ou à d'autres légumes d'accompagnement à cuisiner ou dans les mijotés, les potages; la purée peut se réchauffer doucement au bain-marie.

Clémentine : laver, brosser, peler et séparer en quartiers les fruits mûrs et juteux. Prélever la membrane et les pépins. Congeler à découvert ou dans un contenant rigide recouvertes d'un sirop au choix. Emballer et étiqueter.

Durée de congélation : jusqu'à 12 mois.

Décongélation : les morceaux individuels, et au sirop dans leur contenant à température ambiante 30 minutes à 2 heures ou plus longtemps au réfrigérateur (selon la taille du paquet).

Datte : choisir de beaux fruits dodus (dattes Medjool de préférence), inciser et enlever le noyau délicatement. Congeler sans noyau en paquets de 250 ml (1 tasse). Farcies : éviter de farcir avec du fromage à la crème; les farces à base de noix se congèlent.

Durée de congélation : jusqu'à 12 mois.

Décongélation : dans leur contenant à température ambiante environ 2 heures ou plus longtemps au réfrigérateur (selon la taille du paquet).

Figue : les figues bien mûres, peau légèrement ridée, exemptes de meurtrissures peuvent être congelées pelées ou non et trempées dans un sirop au choix. Peler délicatement la peau à l'économe; tremper dans le sirop, égoutter et congeler à découvert. Emballer et étiqueter.

Durée de congélation : jusqu'à 12 mois.

Décongélation : pelées ou non de préférence dans l'emballage à température ambiante jusqu'à décongélation complète moins de 2 heures. Les figues pelées se réchauffent bien au micro-ondes ou à feu doux.

Fraise : laver, trier, équeuter et bien sécher; congeler à découvert nature ou dans un contenant rigide recouvertes d'un sirop au choix; disposer en couches et saupoudrer légèrement de sucre en poudre; les écraser ou les réduire en purée. On les conserve de moins en moins dans le sirop. Emballer et étiqueter.

Durée de congélation : jusqu'à 12 mois.

Décongélation : les fraises congelées une à une décongèlent en 30 minutes ou moins (selon la grosseur) à température ambiante; les grosses quantités congelées emballées en paquet 4 à 5 heures au réfrigérateur ou la moitié moins de temps à température ambiante; dans leur emballage fermé, les purées, fraises dans le sirop ou au sucre au réfrigérateur ou à température ambiante de 2 à 3 heures. Les fraises congelées ou mi-congelées servent à la préparation de smoothies.

Framboise : laver si nécessaire et trier, équeuter et bien sécher; congeler à découvert nature ou dans un contenant rigide recouvertes d'un sirop léger à moyen; on peut aussi ajouter à une purée légèrement cuite ou crue (à tamisée si désirée); disposer en couches et saupoudrer légèrement de sucre au goût (voir goyave). Emballer et étiqueter.

Durée de congélation : jusqu'à 12 mois.

Décongélation : congelées pour cuisiner des tartes, muffins ou autres desserts cuits, mousses et sorbets; dans leur contenant, 1 à 2 heures environ à température ambiante ou jusqu'à ce qu'elles restent fermes pour les servir nature (salades de fruits, yogourts); servir froides en décongelant 1 heure ou moins à température ambiante ou au réfrigérateur; la compote se sert chaude (réchauffée au micro-ondes ou à feu doux) ou froide.

Fruit de la passion : choisir des fruits lourds, ridés, à la pelure foncée. Couper en deux et prélever la pulpe à la cuillère. Y mélanger la même quantité de sucre granulé et brasser pour que le sucre soit bien dissout avant de congeler. Emballer et étiqueter.

Durée de congélation : jusqu'à 12 mois.

Décongélation : moins de 1 heure à température ambiante; servir sur du yogourt, des crèmes et des glaces ou ajouter à une salade de fruits ou pour confectionner des glaçages.

Goyave : peler, couper en deux et épépiner sur la longueur. Recouper en dés ou en tranches. Congeler nature, saupoudrer de sucre chaque couche ou dans un contenant rigide recouvert d'un sirop au choix en laissant de l'espace (2 cm - ¾ po) pour l'expansion. La purée cuite dans un sirop peut aussi être congelée. Emballer et étiqueter.

Durée de congélation : entre 5 à 6 mois.

Décongélation : dans leur contenant, 2 à 3 heures à température ambiante selon la taille des morceaux; cuire ou non dans le sirop jusqu'à tendreté; servir chaud ou froid sur du yogourt, des crèmes ou ajouter à une salade de fruits ou en mélange dans une tarte aux fruits.

Grenade (pomme) : couper en deux, enlever les membranes et prélever les graines au-dessus d'un bol en frappant sur l'écorce. Congeler à découvert nature ou dans un contenant rigide recouvertes d'un sirop au choix si désiré ou encore mélanger à du jus de pomme grenade ou de citron; congeler dans des bacs à glaçons. Emballer et étiqueter.

Durée de congélation : jusqu'à 12 mois.

Décongélation : dans leur contenant, moins de 2 heures à température ambiante pour les baies nature et 2 à 3 heures quand elles sont dans le sirop; servir nature congelées ou en cubes de glace dans des cocktails ou des jus.

Groseille à maquereau : choisir des fruits fermes et presque à maturité; laver, trier, équeuter ou non (en frottant les baies congelées les queues tombent facilement) et bien assécher; congeler à découvert nature; saupoudrer légèrement de sucre ou conserver dans un sirop moyen en laissant de l'espace (2 cm - ¾ po) pour l'expansion. Emballer et étiqueter.

Durée de congélation : jusqu'à 12 mois.

Décongélation : dans leur contenant, 1 heure à température ambiante pour les baies nature et 3 heures au réfrigérateur quand elles sont dans le sirop.

Kaki (var. hachiya, fuyu) : choisir des fruits mûrs et fermes. Peler et trancher; conserver dans un sirop moyen ou congeler entier à découvert. Emballer et étiqueter.

Truc : les faire mûrir avec une pomme dans un sac de papier brun.

Durée de congélation : le fruit entier 2 mois, les purées et les morceaux dans le sirop jusqu'à 12 mois.

Décongélation : selon l'utilisation désirée, purée, sorbet ou coulis décongelés ou non à température ambiante environ 3 heures dans l'emballage.

Kiwi : choisir des fruits fermes et pas trop mûrs. Peler et trancher. Congeler à découvert nature. Conserver aussi dans un sirop léger en laissant de l'espace (2 cm - ¾ po) pour l'expansion. Emballer et étiqueter.

Durée de congélation : jusqu'à 12 mois.

Décongélation : à moitié à température ambiante pour les kiwis nature servis dans les salades de fruits ou en accompagnement des glaces; complète et dans le contenant fermé pour les kiwis au sirop pendant 2 à 3 heures de plus au réfrigérateur.

Kumquat : laver et brosser; congeler entier ou tranché à découvert. Saupoudrer les fruits tranchés de sucre, disposer en couches ou conserver dans un sirop léger à moyen en laissant de l'espace (2 cm - ¾ po) pour l'expansion. Emballer et étiqueter.

Durée de congélation : jusqu'à 12 mois préférablement 6 à 8.

Décongélation : à température ambiante environ 2 heures avant l'utilisation; entiers ils peuvent remplacer les glaçons dans un cocktail.

Lime : laver et brosser; râper le zeste; congeler dans des pellicules plastiques ou dans contenants rigides; congeler les écorces évidées et râper une fois congelées; congeler le jus dans des bacs à glaçons ou de petits contenants rigides. Emballer et étiqueter.

Durée de congélation : voir Orange.

Décongélation : voir Orange.

Litchis : enlever la coque, peler et dénoyauter si désiré; congeler nature ou dans un sirop moyen en laissant de l'espace (2 cm - ¾ po) pour l'expansion. Emballer et étiqueter.

Durée de congélation : jusqu'à 12 mois.

Décongélation : lente, la veille au réfrigérateur; conserver congelée la quantité désirée pour faire un sorbet ou à moitié pour accompagner la crème glacée et les salades de fruits.

Mangue : choisir des fruits fermes et mûrs. Trancher en deux, peler, couper en lanières, en cubes ou réduire en purée. Procéder à l'emballage en portions et étiqueter..

Durée de congélation : jusqu'à 12 mois.

Décongélation : lente, la veille au réfrigérateur; conserver congelée la quantité désirée pour les sorbets et les smoothies.

35

Mûre : voir Framboise.

Myrtille : voir Bleuet.

Noix de coco : choisir une noix lourde, la secouer pour déceler la présence de lait, ce qui confirme sa fraîcheur. Vider en perçant des trous et laisser le jus s'égoutter. Casser la noix en deux avec un marteau. Prélever la chair; la râper et congeler à découvert nature. Emballer et étiqueter.

Durée de congélation : environ 6 mois.

Décongélation : la noix de coco râpée décongèle en quelques minutes, ce qui est avantageux pour des garnitures improvisées; les gros morceaux nécessitent environ 2 heures à température ambiante; les râper ou en faire des copeaux au couteau qui peuvent être grillés à sec nature ou saupoudrés de sucre granulé.

Orange : laver et brosser; râper le zeste ou le couper en lanières plus ou moins fines; congeler dans des sacs de plastique ou de petits contenants rigides et étiqueter. Congeler les écorces évidées et râper une fois congelées; séparer en quartiers ou trancher la chair et en prélever les parties blanches, la membrane et les pépins et les conserver pour confectionner des marmelades. Congeler à découvert. Les oranges étant disponibles à l'année, ne leur réservez pas trop de place au congélateur. Emballer et étiqueter.

Durée de congélation : jusqu'à 12 mois préférablement 6 à 8.

Décongélation : conserver dans l'emballage; les zestes dégèlent entre 5 à 8 minutes à la température ambiante; ne les sortir qu'au moment de les cuisiner; les quartiers ou les tranches 1 heure avant l'utilisation.

Orange sanguine et amère : laver, brosser les fruits mûrs et juteux. Trancher en rondelles, prélever les parties blanches et les conserver avec les pépins pour les marmelades. Congeler à découvert ou dans un contenant rigide recouvertes d'un sirop au choix. Emballer et étiqueter.

Durée de congélation : jusqu'à 12 mois préférablement 6 à 8.

Décongélation : à température ambiante pendant 1 heure les quartiers ou les tranches; 2 heures au réfrigérateur avant l'utilisation; cuisiner congelées pour les marmelades et autres confitures.

Pamplemousse : voir Orange.

Pêche et nectarine : voir Abricot.

Poire : voir Pomme.

Pomme : laver, brosser les fruits mûrs et juteux. Prélever le cœur et trancher en morceaux ou en quartiers; ou les tremper rapidement dans de l'eau additionnée de citron, de vitamine C ou « d'acide ascorbique » (¼ c. à thé par 4 tasses - 1 ml par litre d'eau) pour éviter le brunissement. Pour une plus longue conservation, les blanchir 1 minute, les refroidir et les éponger. Congeler à découvert nature ou dans un contenant rigide recouvertes d'un sirop au choix ou les saupoudrer de sucre. Emballer et étiqueter.

Durée de congélation : sucrées jusqu'à 12 mois; nature jusqu'à 10 mois.

Décongélation : décongeler environ 1 à 2 heures à température ambiante pour une utilisation fraîche; elles se cuisinent aussi congelées dans plusieurs desserts : croustades, tartes et salades de fruits en augmentant un peu le temps de cuisson; la compote se réchauffe congelée à feu doux ou au micro-ondes.

Prune : voir Abricot.

Quetsche : voir Abricot.

Raisin : préférer des variétés sans pépins ou couper en deux et épépiner après les avoir lavés et triés en gardant les plus fermes. Congeler à découvert nature, enfilés sur des brochettes de bois ou dans un sirop léger en laissant de l'espace (2 cm - ¾ po) pour l'expansion. Emballer en portions et étiqueter.

Durée de congélation : jusqu'à 12 mois.

Décongélation : ne pas décongeler les brochettes de raisins servant à garnir les cocktails, ou à faire des boissons au mélangeur; laisser dans le contenant au réfrigérateur ou les ajouter directement à une salade de fruits, au sortir du congélateur et laisser au réfrigérateur 4 à 5 heures ou quelques heures à température ambiante avant de servir. Peut s'ajouter décongelés à des tartes, flans et crèmes et pour accompagner des plats de volaille (cailles).

Reine-claude : voir Abricot.

Rhubarbe : choisir des tiges jeunes et fermes. Couper en morceaux de 2,5 cm (1 po). Saupoudrer ou non de sucre. Emballer et étiqueter.

Durée de congélation : jusqu'à 12 mois.

Décongélation : se cuisine directement au sortir du congélateur, mais cela exige une plus longue cuisson ou laisser décongeler les morceaux saupoudrés ou non du sucre et la compote à température ambiante ou au réfrigérateur.

Sureau (baie de) : voir Cassis.

Boulangerie

Emballer et étiqueter tous les produits crus ou cuits.

Baguette

Durée de congélation : voir Pain cuit.

Décongélation : voir Pain cuit.

Biscuits

Crus : les rouleaux de biscuits se congèlent mieux que les biscuits découpés; au besoin les congeler à découvert jusqu'à fermeté. Emballer dans un film plastique et ensuite d'une feuille d'aluminium ou dans un sac de congélation. Étiqueter.

Cuits : préférables de les conserver dans des contenants hermétiques; les biscuits glacés seront congelés à découvert; les séparer avec des feuilles de papier ciré ou parchemin. Étiqueter.

Durée de congélation : 12 mois non glacés; jusqu'à 2 mois glacés.

Décongélation : crus : selon la taille il est préférable de décongeler la veille au réfrigérateur et de conserver les portions désirées emballées au réfrigérateur jusqu'au moment de les façonner et de les cuire; à température ambiante 1 à 3 heures selon la recette et la taille. Conserver congelés et cuire directement en augmentant un peu le temps de cuisson.

Cuits non glacés : laisser dans l'emballage et décongeler à température ambiante; déballer les biscuits croustillants.

Brioches et danoises

Crues : se congèlent bien sans être levées. Emballer et étiqueter.

Cuites : envelopper en portions découpées à l'avance pour faciliter la décongélation et le service; tailler une base en carton rigide si vous n'avez pas de contenant rigide et envelopper d'une pellicule de plastique et de papier aluminium pour éviter le dessèchement. Emballer et étiqueter.

Durée de congélation : 1 mois.

Décongélation : crues : décongeler lentement au réfrigérateur dans le contenant de cuisson. Cuites : conserver les portions désirées emballées pendant 1 heure (selon la taille) à température ambiante ou 3 heures au réfrigérateur; réchauffer dans le papier d'aluminium déposé sur une plaque de cuisson en les passant au four préchauffé à 180 ºC (350 ºF) 5 à 10 minutes.

Chapelure : congeler la chapelure nature en portions, car le goût des herbes et des épices tend à s'intensifier à la congélation ou diminuer les quantités. Emballer hermétiquement et étiqueter.

Truc : conserver vos restes de pain de toutes sortes; conserver à plat dans des sacs de congélation prêts à être utilisés pour enrober poisson et volaille.

Craquelins et autres croustilles : congeler dans des sacs de congélation ou des contenants très hermétiques ou des pellicules adhérentes. Étiqueter.

Durée de congélation : 1 mois.

Décongélation : en portion à température ambiante 5 à 10 minutes.

Truc : le maïs éclaté et les croustilles se passent au micro-ondes ou au four chaud quelques minutes.

Croissants

Crus : Les croissants non levés se congèlent bien à découvert; la pâte crue se congèle bien aussi en bloc. Emballer et étiqueter.

Cuits : attention lors du rangement pour ne pas les écraser sous d'autres provisions. Les entreposer sur le dessus. Emballer et étiqueter.

Durée de congélation : cuit jusqu'à 3 mois; pâte crue : 1 mois.

Décongélation : crus : décongeler les croissants pendant la nuit (dans un four éteint) sur une plaque à biscuit recouverte de papier parchemin; recouvrir d'un torchon humide; badigeonner d'un œuf battu et cuire au four préchauffé à 180 ºC (350 ºF) 15 à 20 minutes ou jusqu'à ce qu'ils soient bien dorés. La pâte crue non étalée se décongèle au réfrigérateur.

Cuits : déballer, réchauffer congelés directement au four préchauffé à 200 ºC (400 ºF) environ 15 minutes (selon la taille); décongeler emballés au réfrigérateur 4 heures ou à température ambiante moins de 2 heures et passer au four préchauffé à 240 ºC (450 ºF) environ 3 minutes.

Croûtons : conserver dans des sacs ou des contenants; préparer des portions en tranchant en cubes des restes de pain de toutes sortes que vous faites griller à sec à la poêle ou sur une plaque à cuisson au four à 200 ºC (400 ºF) en même temps que vous cuisinez un plat. Éviter d'assaisonner, car les saveurs s'intensifient au congélateur. Les croûtons pour les soupes à l'oignon gratinées se conservent de la même façon. Emballer hermétiquement et étiqueter.

Durée de congélation : 1 mois.

Décongélation : déposer les croûtons congelés sur une plaque de cuisson ou dans une assiette à tarte dans un four préchauffé à 200 ºC (400 ºF) environ 5 minutes. Éviter le micro-ondes : les croûtons risquent de ramollir.

Cupcakes

Durée de congélation : voir Gâteau.

Décongélation : voir Gâteau.

Farce : congeler à plat ou dans un contenant les portions. La durée de conservation est liée aux types d'ingrédients que renferme la farce. Cuite ou crue, diminuer la quantité d'épices et d'herbes de la recette et ajuster au moment de l'utilisation. Emballer et étiqueter.

Durée de congélation : 1 mois selon les ingrédients.

Décongélation : décongeler à température ambiante (si la farce ne contient ni viandes ni œufs) ou au réfrigérateur selon les ingrédients.

Gâteau

Cru : la pâte crue peut se congeler mais pas indéfiniment en raison des levains qui peuvent perdre leurs caractéristiques. Emballer hermétiquement et étiqueter.

Cuit : c'est la meilleure méthode de conservation. Refroidir complètement; congeler à découvert un gâteau glacé; prendre bien soin de ne rien déposer dessus. Conserver les gâteaux légers (des anges) dans des contenants rigides ou dans le moule. Emballer et étiqueter.

Durée de congélation : jusqu'à 6 mois pour les gâteaux non glacés et 3 mois pour les gâteaux glacés.

Décongélation : décongeler entre 2 et 3 heures dans l'emballage les gâteaux non glacés à température ambiante et les gâteaux glacés au réfrigérateur la veille (10 à 12 heures environ).

Gâteau au fromage : refroidir complètement; congeler à découvert. Congeler la garniture à part. Emballer et étiqueter.

Durée de congélation : 3 à 5 mois.

Décongélation : décongeler dans l'emballage au réfrigérateur entre 4 à 6 heures.

Garniture pour tartes : emballer dans des sacs ou des contenants de congélation en portions pour 1 tarte ou selon le nombre désiré de tartelettes. Consulter les informations dans la section fruits selon les ingrédients. Emballer et étiqueter.

Durée de congélation : jusqu'à 3 mois ou selon les ingrédients la composant.

Décongélation : ajouter la garniture congelée sur la pâte à tarte congelée et déjà moulée.

Glaçage : les glaçages à base de blanc d'œuf et de crème pâtissière ne se congèlent pas bien. Par contre, les glaçages au beurre ou à base de crème se congèlent bien. Emballer et étiqueter.

Durée de congélation : environ 3 mois.

Décongélation : décongeler au réfrigérateur environ 4 heures à l'avance ou 2 heures à température ambiante; fouetter et ajouter du sucre glace au mélange au besoin.

Mélange à croustade (« crumble »)

Cru : séparer en portions désirées.

Cuit : peut se congeler en plat préparé dans des moules allant au four. Bien couvrir d'une pellicule plastique et d'une feuille d'aluminium ou déposer le mélange dans un sac de congélation en prenant soin de bien expulser l'air. Emballer et étiqueter.

Durée de congélation : jusqu'à 3 mois en utilisant du beurre salé et selon les ingrédients la composant.

Décongélation : inutile voire déconseillée; étendre le mélange congelé quand la base est prête pour la cuisson; cuire le dessert monté congelé (fruits et mélange à croustade) en augmentant un peu le temps de cuisson.

Muffins : congeler les muffins dans leurs moules en papier si désiré. Emballer et étiqueter.

Durée de congélation : voir Gâteau.

Décongélation : voir Gâteau.

Pain

Cru : la plupart des pâtes à pain non cuites se conservent au congélateur. Envelopper séparément. Emballer et étiqueter.

Cuit : refroidir; trancher ou non et congeler en portions pratiques dans une feuille de plastique et avec une feuille d'aluminium. Procéder à l'emballage et à l'étiquetage conseillé.

Durée de congélation : cuits : baguette et pain croûté 1 mois; régulier (« de ménage » à levure) jusqu'à 3 mois.

Décongélation : décongeler légèrement emballé au réfrigérateur la veille ou 3 à 6 heures (selon la grosseur), à température ambiante.

Truc : asperger légèrement d'eau le pain (ou la baguette) congelé et passer au four à 200 ºC (400 ºF) emballé d'une feuille d'aluminium. Griller les tranches congelées - toutes variétés, directement au grille-pain.

Pâtisseries

Durée de congélation : voir Gâteau.

Décongélation : voir Gâteau; l'ingrédient qui se conserve le moins longtemps sera votre guide.

Petits pains : pains divers individuels, bagels, hot-dogs, hamburgers : s'assurer qu'ils soient très frais.

Durée de congélation : voir Pain cuit.

Décongélation : voir Pain cuit.

Pains à l'ail, aux herbes : utiliser du pain très frais. Trancher si désiré avant d'emballer.

Durée de congélation : voir Pain cuit.

Décongélation : voir Pain cuit.

Pâte à chou

Crue : congeler la pâte à découvert en formant les choux de la grosseur désirée. Congeler en portions; attention de ne pas les abîmer s'ils sont conservés dans des sacs de congélation ou des contenants. Étiqueter.

Cuite : refroidir et congeler à découvert. Conserver en portions pratiques. Emballer hermétiquement et étiqueter.

Durée de congélation : jusqu'à 3 mois.

Décongélation : décongeler à température ambiante ou au réfrigérateur. Garnir un fois décongelés.

Pâte feuilletée : congeler crue et emballer sous vide; étiqueter.

Durée de congélation : 6 mois à 1 an selon la qualité des ingrédients.

Décongélation : voir Tarte (fond et dessus toutes variétés); cuisiner la pâte dans la semaine suivant la décongélation.

Pâte à pizza

Crue : la pâte libérée des gaz se conserve en portions individuelles en boule. Saupoudrer légèrement de farine ou d'huile végétale.

Envelopper bien serrées. Les croûtes se congèlent enroulées dans une feuille de papier ciré (sulfurisé) ou à plat les unes par-dessus les autres, pour sauver de l'espace. Noter la date et si elles ont été ou non libérées des gaz. Emballer hermétiquement et étiqueter.

Cuite : congeler précuite ou cuite sans garnitures de préférence.

Durée de congélation : jusqu'à 2 mois crue et environ 1 mois cuite.

Décongélation: crues : laisser la pâte dans l'emballage et décongeler à la température ambiante; les croûtes enroulées doivent être décongelées avant de les garnir. Les croûtes abaissées se cuisent congelées avec la garniture au four préchauffé à 200 ºC-230 ºC (400 ºF-450 ºF).

Cuite : déballer et cuire congelée (garnie ou non) au four préchauffé à 200 ºC-230 ºC (400 ºF-450 ºF) environ 20 à 30 minutes selon la garniture.

Sandwich

Cru : tous les types de sandwichs peuvent être congelés : canapés, roulés, étagés, club sandwich, sous-marin. Ne pas congeler les sandwichs garnis d'œufs durs, de laitue et de tomates; les ajouter une fois décongelés. Emballer et étiqueter.

Truc : les sandwichs légèrement décongelés se tranchent mieux.

Durée de congélation : jusqu'à 2 mois pour les sandwichs réguliers; 3 à 7 jours pour les canapés (selon la garniture).

Décongélation : décongeler au réfrigérateur dans l'emballage 8 à 10 heures (variable selon la grosseur du sandwich et la quantité) ou à température ambiante environ 2 heures (selon les garnitures). Faire les ajouts de garnitures fraîches une fois bien décongelés.

Les canapés prendront entre 1 à 2 heures à température ambiante et selon la garniture, les chambrer environ 30 minutes à 1 heure avant de servir. Ajouter la garniture (décor) frais une fois décongelés.

Cuire les sandwichs à griller congelés au four ou sur le grill.

Déballer et chauffer congeler les sandwichs à griller incluant paninis, quesadillas, tortillas sur un gril moins chaud que lors d'une cuisson régulière.

Scones : voir Gâteau.

Soufflé (sucrés - salés)

Cru : congeler le mélange à soufflé dans les contenants sans y ajouter les blancs d'œufs; faire un collet de papier parchemin aux contenants à soufflé; congeler à découvert sans parure. Emballer et étiqueter.

Cuit : ne se conserve pas.

Durée de congélation : environ 3 mois, selon les ingrédients.

Décongélation : décongeler au réfrigérateur; ajouter les blancs d'œufs battus au mélange à soufflé bien décongelé; suivre la recette pour la cuisson.

Tarte (fond et dessus toutes variétés)

Crus : étendre les fonds abaissés et les dessus selon la taille des assiettes utilisées; congeler les fonds à découvert dans les assiettes et les retirer une fois congelés (il serait plus pratique de laisser les grands fonds dans leur assiette, utiliser alors des assiettes d'aluminium) et les dessus sur un rond en carton plus large de 1,25 cm (½ po) que l'assiette, en les séparant par deux feuilles de papier ciré découpées en cercle pour mieux les empiler; les fonds de tartelettes une fois congelés à découvert peuvent être entreposés sans le moule (d'aluminium). Étiqueter.

Cuits : préférable de conserver les fonds badigeonnés d'un blanc d'œuf (pour éviter la détrempe) dans les assiettes d'aluminium; recouvrir d'une feuille d'aluminium et conserver dans un contenant rigide (carton ou plastique) pour ne pas les briser. Empiler les unes sur les autres en les séparant comme pour les fonds crus. Emballer et étiqueter.

Durée de congélation : les fonds de pâte à tarte maison jusqu'à 2 à 3 mois crus; les pâtes feuilletées et brisées, tartes et fonds jusqu'à 6 mois.

Décongélation : décongeler la pâte feuilletée et brisée crue au réfrigérateur la veille ou 3 à 4 heures avant de l'abaisser à la température ambiante; 1 fond abaissé non cuit décongèle en 15 à 20 minutes à température ambiante; ne pas décongeler.

Tartes garnies

Crues : ne pas inciser le dessus des tartes crues; pratiquer une incision au moment de passer à la cuisson. Congeler à découvert entière ou découper en portions individuelles; laisser les grandes dans leur assiette. Les garnitures crémeuses et fouettées ne se congèlent pas bien. Emballer et étiqueter.

Cuites : refroidir rapidement et congeler à découvert. Emballer et étiqueter.

Durée de congélation : les tartes garnies non cuites jusqu'à 2 mois et cuites 3 mois (selon les ingrédients la composant); éviter toutes les garnitures de type mousseline, flans, cossetarde et autres garnitures aux œufs (sauf les quiches qui se conservent de 4 à 6 mois); les pâtés — viande poisson, volaille de 3 à 4 mois.

Décongélation : cuite : déballer et laisser décongeler à température ambiante 2 à 4 heures et réchauffer si désiré. Garnie crue : cuire congelée (faire une incision sur le dessus quand elle commence à dégeler) au four préchauffé à 200 ºC (400 ºF) jusqu'à ce qu'elle soit dorée.

Vol-au-vent

Cru : congeler la pâte à découvert sur une plaque de cuisson. Emballer et étiqueter.

Cuit : congeler à découvert. Conserver dans des contenants rigides en portions pratiques.

Durée de congélation : jusqu'à 6 mois selon les ingrédients le composant.

Décongélation : cru : ne pas décongeler avant cuisson; cuit : décongeler à température ambiante ou disposer congelé sur une plaque de cuisson et passer au four préchauffé à 230 ºC (450 ºF) pendant 5 à 10 minutes.

Divers

Café : le café ne doit pas être conservé au congélateur ni au réfrigérateur, car il se desséchera et perdra sa fraîcheur. L'humidité étant son pire ennemi, la meilleure conservation se fera dans un endroit sec, dans un contenant hermétique ou mieux un sac où il est possible d'évacuer l'air. Consommer rapidement une fois moulu; torréfié environ 10 jours.

Chocolat : protéger le chocolat de l'humidité, des odeurs, de la chaleur, des changements de température et de la lumière. La température idéale est entre 15 ºC et 18 ºC (59 ºF-65 ºF). Le chocolat noir se conserve environ 1 an, soit 12 mois après sa fabrication; les tablettes de chocolat au lait ou fourré se conservent 6 à 8 mois; les truffes et autres fabrications artisanales en théorie dans les 48 heures. On peut congeler du chocolat préférablement sous vide ou dans des boîtes hermétiques, en le réfrigérant avant.

Glaces, sorbets et granités : conserver les produits commerciaux dans leur contenant; les glaces maison dans des contenants résistant au froid. Ajouter une pellicule plastique qui touchera le produit à mesure que le volume diminue dans le contenant. Étiqueter.

Durée de conservation : glaces commerciales jusqu'à 3 mois; glaces maison environ 1 mois.

Décongélation : ne pas décongeler; les sorbets maison demandent parfois d'être fouettés avant de les servir et travailler les granités à la fourchette améliore leur texture.

Fines herbes : hacher les feuilles finement et jeter les tiges; déposer dans un bol et couvrir d'huile d'olive (ou d'eau); transférer à la cuillère dans des bacs à glaçons (15 à 30 ml – 1 à 2 c. à soupe); congeler à découvert; démouler et entreposer dans un sac à glissière ou dans un contenant rigide en indiquant la quantité. Le persil et d'autres herbes peuvent être congelés en bouquet dans des sacs de congélation une fois bien essorés et épongés. Emballer et étiqueter.

Durée de conservation : jusqu'à 6 mois.

Décongélation : décongeler au réfrigérateur en pressant au tamis (et récolter l'huile aromatisée pour une vinaigrette) ou utiliser congelées dans les recettes de soupes, mijotés et sauces, à la place des herbes fraîches.

Infusion (café, thé et tisanes) : dans un sac à glissière ou un contenant rigide en indiquant la quantité ou dans des bacs à glaçons (15 à 30 ml – 1 à 2 c. à soupe) pour utiliser dans les mélanges fouettés ou les punch. Congeler à plat. Emballer et étiqueter.

Durée de conservation : jusqu'à 6 mois.

Décongélation : décongeler au réfrigérateur ou utiliser tel quel dans les thés glacés, les smoothies, les boissons et cocktails sans alcool.

Jus naturels : voir Infusion.

Légumineuses : congeler les légumineuses cuites et bien égouttées en petites portions dans des contenants en plastique ou des sacs de congélation. Étiqueter.

Durée de congélation : jusqu'à 2 mois.

Décongélation : lente : dans l'emballage 24 heures à l'avance au réfrigérateur; rapide : en plaçant le contenant congelé bien fermé immergé dans l'eau froide pour le démouler; placer les légumineuses gelées sur une plaque de cuisson ou dans plat allant au four, couvrir (feuille d'aluminium ou couvercle) et cuire au four à 350 ºF (180 ºC).

Pâtes alimentaires

Crues : tous les genres de pâtes fraîches (non cuites) se congèlent bien. Emballer et étiqueter.

Cuites : se congèlent moins bien et s'affaissent lorsque cuites à point et réchauffées dans des plats très liquides. Cuire al dente et protéger dans une sauce épaisse (lasagne, macaroni au fromage).

Durée de congélation : environ 6 mois.

Décongélation : cuire les pâtes et les plats cuisinés crus congelés. Réchauffer les plats cuisinés cuits congelés ou décongelés au four ou au micro-ondes.

Sauce : la plupart des sauces se congèlent (brune, béchamel, veloutée); doubler la recette en prévision de restes à apprêter. Congeler en petites portions (bac à glaçons) pour les sauces à napper; en portions pratiques dans des contenants rigides ou des sacs de congélation à plat.

Durée de conservation : selon les ingrédients, de 3 à 6 mois.

Décongélation : au réfrigérateur; réchauffer doucement au bain-marie directement dans le contenant; fouetter si la sauce a tendance à se séparer; ajouter au besoin un peu de crème ou un jaune d'œuf; rectifier l'assaisonnement avant de servir.

Smoothies, shakes : voir Infusion. Ils se conserveront bien en portions individuelles prêtes à servir. Emballer et étiqueter.

Durée de conservation : variant de 2 à 6 mois selon la base (voir Yogourt, Lait de soja, Lait, Crème).

Décongélation : au réfrigérateur; s'utilise congelés ou semi-gelés; ajouter un peu de liquide au mélangeur au besoin.

Vin : congeler un fond de bouteille de vin blanc ou rouge dans un sac à glissière en indiquant la quantité ou dans des bacs à glaçons (15 à 30 ml — 1 à 2 c. à soupe). Étiqueter.

Durée de conservation : jusqu'à 6 mois.

Décongélation : décongeler au réfrigérateur. Utiliser pour les sauces chaudes, les ajouter aux boissons estivales et dans un sirop pour des salades de fruits.

Durée d'entreposage des aliments périssables

Aliments	Réfrigérateur 4 °C	Congélateur −18 °C
Abats	1-2 jours	3-4 mois
Agneau (côtelettes, rôtis)	3-5 jours	6-9 mois
Asperges	4 jours	1 an
Aubergines	7 jours	1 an
Bacon	7 jours	1-2 mois
Betteraves	3 semaines	1 an
Beurre doux*	3 semaines	3 mois
Beurre salé*	3 semaines	1 an
Bleuets entiers, frais	5 jours	1 an
Bœuf (steak, rôtis)	3-5 jours	6-12 mois
Boulangerie (produits faits de farine enrichie)	7 jours	3 mois
Brocoli	5 jours	1 an
Camembert, brie	3-4 semaines	•
Canneberges	2 semaines	1 an
Carottes	3 mois	1 an
Carottes nouvelles	2 semaines	1 an
Céleri	2 semaines	•
Cerises	3 jours	1 an
Champignons	5 jours	1 an
Cheddar	5 semaines	6 mois
Chou	2 semaines	1 an
Chou de Bruxelles, chou-fleur	6 jours	1 an
Concombre	1 semaine	•
Courges d'été, courgettes	1 semaine	1 an
Crabe cuit	1-2 jours	1 mois
Crème fraîche*	3-5 jours	1 mois
Crème glacée	---	3 mois
Cretons, sous-vide*	3-5 jours	1-2 mois
Crevettes	1-2 jours	2-4 mois
Endives	3-4 jours	•
Épinards	4-5 jours	1 an
Farine de blé entier	3 mois	6-9 mois
Fèves au lard	3-4 jours	6-10 mois

Aliments	Réfrigérateur 4 °C	Congélateur −18 °C
Fèves germées	3-4 jours	•
Fines herbes	4 jours	1 an
Fraises, framboises entières, fraîches	3-4 jours	1 an
Fromage bleu*	1 semaine	•
Fromage cottage, ricotta*	3-5 jours	•
Fromage fondu à tartiner*	3-4 semaines	•
Germes de luzerne, de soja	3 jours	•
Haricots jaunes et verts	5-6 jours	1 an
Huiles végétales de première pression*	3-4 semaines	•
Huîtres dans leur écaille	2-3 semaines	•
Huîtres écaillées	10 jours	2-4 mois
Jambon cuit (entier)	7-10 jours	1-2 mois
Jambon cuit (tranches)	3-5 jours	1-2 mois
Jus de fruits et de légumes	1-2 semaines	1 an
Ketchup et marinades	1 an	•
Lait*	3-5 jours	6 semaines
Laitue	1 semaine	•
Légumineuses cuites	5 jours	3 mois
Maïs entier	2-3 jours	1 an
Margarine	1 mois	3 mois
Mayonnaise*	2 mois	•
Melon de miel, cantaloup, melon d'eau	4 jours	•
Mets conditionnés sous-vide*	1-2 jours	2 mois
Mets congelés commerciaux	---	3-4 mois
Mets en casserole	2-3 jours	3 mois
Moules dans leur écaille	2-3 jours	•
Moules sans écaille	1-2 jours	3 mois
Moutarde préparée (ordinaire)	1 an	•
Moutarde préparée (forte)	9 mois	•
Navet	1 semaine	1 an
Noix	4-6 mois	1 an
Oignons verts	1 semaine	1 an
Œuf dans sa coquille	1 mois	•

Aliments	Réfrigérateur 4 °C	Congélateur −18 °C
Œuf dur	1 semaine	•
Œuf (blanc)	1 semaine	9 mois
Œuf (jaune)	2-3 jours	4 mois
Palourdes dans leur écaille	3-4 jours	•
Palourdes sans écaille	1-2 jours	3 mois
Panais	1 mois	1 an
Pâtes alimentaires cuites	3-5 jours	3 mois
Pâtés à la viande, quiches	2-3 jours	3 mois
Pâtisseries (avec pr. laitiers et œufs)	3-4 jours	1 mois
Pétoncles	1-2 jours	3 mois
Piments doux (poivrons)	1 semaine	1 an
Poireaux	2 semaines	1 an
Pois, pois mange-tout	2 jours	1 an
Poisson fumé à froid	3-4 jours	2 mois
Poisson gras	1-2 jours	2 mois
Poisson maigre	2-3 jours	6 mois
Pommes (février à juillet)	2 semaines	1 an
Pommes (août à janvier)	6 mois	1 an
Porc (côtelettes, rôtis)	3-5 jours	4-6 mois
Potages, soupes	3 jours	2-3 mois
Prunes	3-5 jours	1 an
Radis	1 semaine	•
Rhubarbe	4 jours	1 an
Riz cuit	5-6 jours	6-8 mois
Riz brun	6-9 mois	---
Sandwichs (tous genres)	1-2 jours	6 semaines
Sauces à la viande	3-5 jours	4-6 mois
Saucisses fraîches	1-2 jours	2-3 mois
Saucissons secs, entiers	2-3 semaines	•
Tofu	1-2 semaines	1-2 mois
Tomates	1 semaine	1 an
Veau (en rôti)	3-5 jours	4-8 mois
Viandes cuites (avec sauce)	3-4 jours	4 mois
Viandes cuites (sans sauce)	3-4 jours	2-3 mois

Aliments	Réfrigérateur 4 °C	Congélateur −18 °C
Viandes fumées, charcuterie *	5-6 jours	1-2 mois
Viande hachée, en cubes, tranchée mince	1-2 jours	3-4 mois
Viandes cuites tranchées, sous-vide*	3 jours	1 mois
Volaille en morceaux	1-2 jours	6-9 mois
Volaille entière	1-3 jours	10-12 mois
Volaille cuite (avec sauce)	1-2 jours	6 mois
Volaille cuite (sans sauce)	3-4 jours	1-3 mois
Yogourt	2-3 semaines	1 mois

* Les durées de conservation indiquées sont valables pour des contenants qui ont été ouverts.

• Il est préférable de ne pas congeler ces aliments pour conserver leur qualité au maximum.

Conseils pratiques

• Après la durée d'entreposage recommandée au congélateur, les aliments peuvent être consommés sans danger mais leur saveur et leur valeur nutritive commenceront à s'altérer.

• L'endroit idéal pour décongeler les aliments est le réfrigérateur. Utilisez la tablette du bas afin d'éviter l'écoulement des liquides de décongélation sur les aliments.

• Ne jamais recongeler une viande qui a été décongelée.

• Il est préférable de blanchir les fruits et légumes avant de les faire congeler.

• Une fois ouvert, les aliments en conserve doivent être couverts et placés au réfrigérateur; les aliments acides comme les tomates et les ananas doivent être transvidés dans d'autres contenants.

• Les denrées sèches doivent être conservées dans des contenants hermétiques, à l'abri de la lumière et de la chaleur.

• Vérifiez périodiquement la température du réfrigérteur, qui doit être entre 0 °C et 4 °C, ainsi que celle du congélateur, qui doit être de −18 C.

• Les huîtres, palourdes et moules non écaillées sont vivantes. Il est donc recommandé de les conserver dans un contenant aéré.

• N'utilisez que des sacs ou des contenants spécialement conçus pour la congélation des aliments et apposez une étiquette indiquant la date et le nom du produit.

• La porte du réfrigérateur n'est pas l'endroit idéal pour ranger les aliments périssables. Les produits laitiers, les œufs et toutes les viandes se conserveront mieux au centre du réfrigérateur ou dans des tiroirs conçus spécialement pour maintenir la température plus basse et plus constante.

Durée d'entreposage des aliments moins périssables

Aliments	Température ambiante 20 °C	Chambre froide 7 °C à 10 °C
Beurre d'arachides*	2 mois	
Bicarbonate de sodium	1 an	
Boulangerie (faits de farine enrichie)	1 semaine	
Cacao	10-12 mois	
Café instantané	1 an	
Café moulu*	1 mois	
Céréales de type granola	6 mois	
Céréales prêtes à servir	8 mois	
Chapelure sèche	3 mois	
Chocolat à cuisson	7 mois	
Confitures et gelées	1 an	
Conserves	1 an	6 mois
Courges d'hiver	1 semaine	
Craquelins	6 mois	
Croustilles de pommes de terre*	1 semaine	
Farine blanche	2 ans	
Farine de maïs	6 mois	
Fines herbes séchées	1 an	
Fruits séchés	1 an	
Garnitures pour tarte	18 mois	
Gélatine	1 an	
Gelée en poudre	2 ans	
Gruau d'avoine	6-10 mois	
Huiles végétales	1 an	
Lait concentré en conserve	9-12 mois	
Lait concentré sucré en conserve	6 mois	
Lait écrémé en poudre*	1 mois	
Lait écrémé en poudre	6 mois	
Légumineuses sèches	1 an	
Levure sèche	1 an	
Mélange à gâteau	1 an	
Mélanges à pouding	18 mois	
Mélasse	2 ans	

Aliments	Température ambiante 20 °C	Chambre froide 7 °C à 10 °C
Miel	18 mois	
Moutarde sèche	3 ans	
Noix dans l'écale	1 an	3-4 semaines
Oignons secs, jaunes	1 jour	
Olives	1 an	
Pain (type baguette)	1-2 jours	
Pâtes alimentaires sèches	1 an	
Pâtes alimentaires sèches aux œufs	6 mois	
Pectine en poudre	2 ans	
Pectine liquide	1 an	9 mois
Pommes de terre	1 semaine	1 semaine
Pommes de terre instantanées	1 an	
Poudre à pâte	1 an	
Riz blanc	1 an	
Rutabagas (cirés)	1 semaine	5-6 mois
Semoule	1 an	
Sirop d'érable, de maïs...	1 an	
Substitut de crème à café	6 mois	
Sucre	2 ans	
Thé	6 mois	
Vinaigre	2 ans	

* Les durées de conservation indiquées sont valables pour des contenants qui ont été ouverts.

Agriculture, Pêcheries et Alimentation
Québec

Allumettes au gruyere ... 52

Bouchées de saucisses ... 54

Tartelettes au chèvre et poires au vin ... 55

Tuiles au parmesan et sesame ... 56

Verrine de mousse à l'avocat et à la mangue ... 57

Bouchées au bleu et dattes au vin rouge ... 58

Bâtonnets aux tomates confites et salami hongrois ... 59

Samosas au chorizo et poivron vert ... 60

Pâtés impériaux « Egg rolls » ... 61

Cuillères de feta aux prunes ... 62

Baluchons aux figues et prosciutto ... 63

Tartelettes aux pestos et noix de pin ... 64

Bouchées de banane plantain et sauce rougail ... 66

Mini-tatins variées ... 67

Bouchées et entrées

Allumettes au gruyère 24 portions

Temps de préparation : 15 minutes • Temps de cuisson : 15 minutes

Ingrédients
200 g (7 oz) de pâte feuilletée au beurre
100 g (3,5 oz) de gruyère râpé
1 œuf battu

Recette
Préchauffer le four à 220 ºC (425 ºF). Recouvrir une plaque de cuisson d'une feuille de papier parchemin. Abaisser la pâte et l'étaler sur la plaque. Badigeonner d'œuf battu. Recouvrir de gruyère râpé. Tailler des bandes de 1,5 cm (env. 5/8 de po) de large. Cuire environ 15 minutes ou jusqu'à ce que les allumettes soient dorées. Refroidir sur une grille.

Congélation : refroidir complètement. Congelez dans des pellicules adhérentes, sous vide ou dans un contenant rigide.

Décongélation : dans l'emballage à température ambiante ou au réfrigérateur.

Servir : tempérer avant de servir. Préchauffer le four à 175 ºC (350 ºF). Réchauffer 1 à 2 minutes, tiédir. Servir à l'apéro ou en accompagnement d'une soupe ou d'un potage.

Variations : ajouter une pincée de Cayenne ou d'une herbe séchée au goût ou fraîches hachées finement. Remplacer le gruyère par du cheddar.

Bouchées de saucisses 4 portions

Temps de préparation : 15 minutes • Temps de cuisson : 12 minutes

Ingrédients

8 saucisses à déjeuner porc-bœuf
100 g (1 paquet) de pâte feuilletée au beurre
1 jaune d'œuf battu
5 ml (1 c. à thé) de graines de pavot

Accompagnement

Ketchup aux fruits maison

Recette

Préchauffer le four à 220 ºC (425 ºF). Rissoler les saucisses dans une poêle et les cuire à demi. Refroidir et éponger sur un essuie-tout. Couper les saucisses en 2. Saupoudrer un peu de farine sur l'aire de travail. Travailler la pâte feuilletée froide rapidement au rouleau en formant un rectangle de 31 cm x 10 cm (12 po x 4 po). Tailler des bandes moins larges que les saucisses et les enrouler de pâte. Déposer le côté replié sur la plaque recouverte de papier parchemin non huilé. Badigeonner d'œuf battu. Saupoudrer de graines de pavot si désiré. Cuire environ 12 minutes jusqu'à ce que la pâte soit dorée. Refroidir.

Congélation : refroidir complètement, congeler à découvert. Emballer en portions dans des sacs de congélation.

Décongélation : dans l'emballage au réfrigérateur.

Servir : préchauffer le four à 200 ºC (400 ºF). Disposer les bouchées sur une plaque de cuisson recouverte d'une feuille de papier parchemin. Réchauffer environ 8 minutes. Ne pas réchauffer au micro-ondes. Servir chaud accompagner d'un ketchup aux fruits maison.

Variation : utiliser d'autres sortes de saucisses et tailler en 3 ou 4 morceaux.

Tartelettes au chèvre et poires au vin 12 portions

Temps de préparation : 15 minutes • Temps de cuisson : 15 minutes

Ingrédients
pour 12 tartelettes de 3,8 à 5 cm — (1 ½ à 2 po)
1 recette de pâte à tarte brisée (non sucré) (voir p. 211)

Garniture
2 poires Bosc ou Bartlett fermes
60 ml (¼ tasse) de raisins dorés
10 ml (2 c. à thé) de jus de citron
10 ml (2 c. à thé) de vin Marsala
Poivre noir
60 à 90 ml (4 à 6 c. à soupe) de fromage de chèvre crémeux

Recette
Tartelettes
Faire la pâte en suivant la méthode de la page 211. Foncer les moules à tartelettes avec la pâte brisée. Cuire au four préchauffé à 190 ºC (375 ºF) en suivant les étapes de la recette de base jusqu'à ce que le fond soit bien cuit et sec. Refroidir complètement sur une grille.

Garniture
Peler et enlever le cœur des poires. Couper en morceaux de 1,25 cm (½ po) environ et arroser de jus de citron. Faire gonfler les raisins dans un peu d'eau chaude s'ils sont trop secs. Cuire les fruits 2 minutes dans une poêle antiadhésive en arrosant de vin jusqu'à ce qu'ils soient tendres. Poivrer légèrement et mélanger. Refroidir dans une assiette. Étaler une couche de fromage dans le fond des tartelettes. Ajouter la garniture de poires refroidies.

Congélation : congeler à découvert. Emballer en portions.

Décongélation : dans l'emballage au réfrigérateur ou au micro-ondes.

Servir : préchauffer le four à 175 ºC (350 ºF). Réchauffer 5 à 8 minutes si désiré ou servir chambré.

Tuiles au parmesan et sésame 20 portions

Temps de préparation : 10 minutes • Temps de cuisson : 4 minutes

Ingrédients
250 ml (1 tasse) de parmesan râpé finement*
60 à 80 ml (¼ à ⅓ tasse) de graines de sésame
Huile d'olive

Arôme
Saupoudrer au choix : brin de romarin ou de ciboulette hachée finement, cumin broyé, poivre noir moulu ou noix de muscade.

*Doubler la quantité de parmesan pour des tuiles plus épaisses.

Recette
Préchauffer le four à 190 ºC (375 ºF). Étaler une feuille de papier parchemin sur deux plaques de cuisson. Les vaporiser d'huile d'olive. Dans un bol, mélanger le parmesan avec les graines de sésame. Utiliser un emporte-pièce pour déposer des cercles minces du mélange en espaçant chacun pour qu'ils ne se touchent pas.

Cuire environ 4 minutes. Retirer délicatement à l'aide d'une spatule. Refroidir et recommencer jusqu'à épuisement du mélange.

Congélation : refroidir complètement. Emballer avec précaution dans un contenant rigide (barquette d'aluminium) et hermétique puis dans un sac de plastique.

Décongélation : dans l'emballage au réfrigérateur ou à température ambiante.

Servir : servir nature comme garniture pour accompagner des potages, des légumes en purée, des fruits compotés ou avec un plateau de mises en bouche.

Verrine de mousse à l'avocat et à la mangue 12 portions

Temps de préparation : 15 minutes • Temps de cuisson : aucun

Ingrédients
2 avocats
15 à 23 ml (1 à 1½ c. à soupe) de jus de lime
Pincée de poudre de cumin (au goût)
Pincées de sel et de poivre
15 à 30 ml (1 à 2 c. soupe) de coriandre hachée (facultatif)
1 petite gousse d'ail dégermée pressée
1 mangue

Au service
60 ml (¼ tasse) de crème 35 % à fouetter
12 crevettes cuites congelées (facultatif)

Accompagnements
Croûtons de pain
Craquelins

Recette
Mélanger au robot, à la fourchette ou au mélangeur la chair d'avocat arrosée de jus de lime avec le cumin, le sel, l'ail et la coriandre hachée. Réserver. Couper la mangue en dés. Jeter le noyau et la pelure. Réserver.

Congélation : congeler en portions la purée d'avocat dans des contenants ou des sacs de congélation et la chair de mangue à découvert et enveloppez-la dans un sac de plastique.

Décongélation : dans leur emballage au réfrigérateur. Décongeler les crevettes dans l'eau froide (si utilisées).

Servir : fouetter la crème très froide. L'incorporer à la purée d'avocat en pliant. Goûter et rectifier l'assaisonnement. Si vos avocats sont plus gros, fouetter un peu plus de crème. Monter dans des verrines en alternant la mousse d'avocat, des brisures de craquelin ou de croûtons et des cubes de mangue. Ajouter des crevettes cuites décongelées si désiré.

Bouchées au bleu et dattes au vin rouge 48 portions

Temps de préparation : 15 minutes • Temps de cuisson : 10 minutes

Ingrédients
Bouchées de pâte feuilletées
200 g (7 oz) de pâte feuilletée au beurre
1 œuf battu

Compote de dattes
125 ml (½ tasse) de dattes hachées
60 ml (¼ tasse) de vin rouge
80 ml (6 c. à soupe) de fromage bleu

Recette
Bouchées de pâte feuilletée
Préchauffer le four à 220 ºC (425 ºF). Abaisser un morceau de pâte feuilletée. À l'aide d'un petit verre ou d'un emporte-pièce de 2,5 à 3,75 cm (1 à 1,5 po) de diamètre, tailler la pâte. Disposer sur une plaque de cuisson recouverte d'une feuille de papier parchemin. Badigeonner d'œuf battu. Cuire environ 10 minutes ou jusqu'à ce que la pâte soit dorée. Refroidir sur une grille. Trancher les bouchées au centre à l'horizontale.

Compote de dattes
Couper les dattes en morceaux. Verser le vin rouge dans une casserole. Ajouter les dattes et cuire à feu doux environ 5 à 8 minutes ou jusqu'à ce qu'elles s'écrasent facilement à la fourchette. Si nécessaire, ajouter du vin ou de l'eau en cours de cuisson. Tiédir.

Déposer environ 1 ml (½ c. à thé) de purée de datte au vin rouge et égrener du fromage bleu sur une moitié de pâte. Recouvrir avec l'autre moitié.

Congélation : congeler à découvert. Emballer.

Décongélation : dans l'emballage au réfrigérateur ou au micro-ondes.

Servir : préchauffer le four à 175 ºC (350 ºF). Réchauffer 5 minutes si désiré ou servir chambré. Ne pas utiliser le micro-ondes.

Variante : utiliser un fromage de chèvre ou un fromage crémeux. Saupoudrer une herbe séchée ou du parmesan râpé sur les bouchées avant d'enfourner et les garnir alors d'un fromage neutre ou juste de purée de dattes au vin.

Bâtonnets aux tomates confites et salami hongrois

10 portions

Temps de préparation : 30 minutes • Temps de cuisson : 10 minutes

Ingrédients
100 g (3,5 oz) de pâte feuilletée au beurre
550 ml (2 tasses + ¼ tasse) de tomates cerise
6 à 8 tranches minces de salami hongrois

Recette
Confire les tomates à la poêle dans l'huile d'olive à feu très doux ou enfourner les tomates badigeonnées d'huile d'olive dans un four préchauffé à 100 ºC (200 ºF) pendant 2 heures. Refroidir.

Abaisser la pâte feuilletée pour obtenir un rectangle d'environ 22,5 cm x 17,5 cm (9 x 7 po) et la piquer à la fourchette et la cuire à 220 ºC (425 ºF) pendant environ 12 minutes ou jusqu'à ce qu'elle soit dorée. Tiédir. Couper des bâtonnets d'environ 3,7 cm (1,5 po) ou conserver en une pièce ou congeler séparément. Garnir de morceaux de salami et ajouter les tomates confites.

Congélation : refroidir complètement. Congeler à découvert et emballer en portions dans des pellicules adhérentes ou sous vide; emballer les tomates confites séparément pour garnir au service si désiré.

Décongélation : dans l'emballage au réfrigérateur.

Servir : ajouter les tomates confites sur la pâte feuilletée au salami. Réchauffer au four préchauffé à 200 ºC (400 ºF) environ 5 à 8 minutes et non au micro-ondes ou tempérer 30 à 45 minutes avant de servir.

Samosas au chorizo et poivron vert

4 portions

Temps de préparation : 20 minutes • Temps de cuisson : 10 minutes

Farce

250 ml (1 tasse) de chorizo haché finement
1 poivron vert moyen
4 oignons verts
2 tomates italiennes épépinées
4 feuilles de pâte phyllo décongelée
60 ml (4 c. à soupe) de beurre et d'huile d'olive (pour badigeonner)

Recette

Hacher en dés fins tous les ingrédients (au robot ou au couteau), sauf la pâte phyllo. Les faire revenir dans un peu d'huile d'olive chaude pour les attendrir. Tiédir. Couper 1 feuille de phyllo à la fois en 6 bandes. Déposer une cuillère à soupe de cette farce au coin en bas dans la moitié supérieure d'un carré imaginaire. Rabattre un des coins et continuer de rabattre la feuille en serrant bien jusqu'à la fin de la bande de pâte. Rentrer l'extrémité pour bien fermer le chausson. Badigeonner du mélange beurre-huile d'olive. Déposer les samosas sur une plaque de cuisson recouverte d'un papier parchemin. Enfourner 15 à 18 minutes ou jusqu'à ce qu'ils soient dorés. Refroidir sur une grille.

Congélation : refroidir complètement. Congeler à découvert et empiler dans un contenant rigide ou dans un sac de congélation.

Décongélation : ne pas décongeler.

Servir : déposer les samosas sur une plaque de cuisson ou un plat allant au four. Recouvrir d'une feuille d'aluminium. Préchauffer le four à 230 ºC (450 ºF). Enfourner 10 minutes. Éviter le micro-ondes.

Note : vous pouvez utiliser un autre saucisson piquant ou encore mélanger de l'agneau ou du bœuf haché cuit et dégraissé. Les feuilles de pâte phyllo sèchent rapidement à l'air. Couvrir d'un linge humide et ne sortir qu'une seule feuille à la fois.

Pâtés impériaux « Egg rolls »

12 portions

Temps de préparation : 30 minutes • Temps de cuisson : 10 minutes

Rouleaux
12 feuilles de pâte à pâtés impériaux (ou l'équivalent en galettes de riz ou brick)
Huile végétale pour la friture

Farce
250 g (8 oz) de porc dans la fesse
2 oignons verts
1 gousse d'ail dégermée
hachée finement
5 ml (1 c. à thé) de gingembre
haché finement
500 ml (2 tasses) de chou nappa
2,5 ml (½ c. à thé) d'huile de sésame
Sauce tamari (soja) légère
huile pour la cuisson

Accompagnement
Sauce aux prunes style oriental

Sauce aux prunes style oriental
2 kg (4,4 lb) de prunes rouges ou noires
1 l (4 tasses) de vinaigre de vin blanc
5 ml (1 c. à thé) de sel à marinade
250 ml (1 tasse) de sauce soja réduite en sel
750 ml (3 tasses) de cassonade bio
Nouet d'épices
15 ml (1 c. à soupe) d'anis étoilé
10 ml (2 c. à thé) de poivre de Sichuan
5 ml (1 c. à thé) de piment chili broyé

Blanchir les prunes. Les peler et les dénoyauter. Broyer grossièrement les épices. Les envelopper dans une pochette de gaze. Porter à ébullition le vinaigre et les épices. Ajouter la cassonade. Remuer pour bien la dissoudre. Réduire la chaleur. Incorporer les prunes. Mijoter à découvert environ 45 minutes. Ajouter la sauce soja 10 minutes avant la fin de la cuisson. Passer au tamis fin. Empoter. Stériliser 10 minutes. Donne environ 5 bocaux de 250 ml.

Recette
Hacher finement au robot ou au couteau tous les ingrédients de la farce. Poêler quelques minutes dans un peu d'huile la farce en remuant. Tiédir. Farcir les feuilles de pâte avec la farce et bien les refermer en rabattant les côtés avant de les enrouler. Les poser côté pliure fermée dans une assiette avant la cuisson pour éviter qu'ils s'ouvrent. Frire dans un peu d'huile chaude quelques rouleaux à la fois en les retournant, environ 3 à 4 minutes de chaque côté. Déposer sur un papier absorbant. Refroidir.

Congélation : refroidir complètement. Congeler à découvert et emballer en portions dans des sacs de congélation ou des contenants.

Décongélation : dans l'emballage au réfrigérateur.

Servir : réchauffer au four préchauffé environ 10 minutes à 190 ºC (375 ºF) et non au micro-ondes. Servir en entrée avec une sauce aux prunes.

Cuillères de feta aux prunes 24 portions

Temps de préparation : 20 minutes • Temps de cuisson : 5 minutes

Ingrédients
5 à 6 prunes
25 ml (5 c. à thé) de sucre granulé
75 ml (5 c. à soupe) d'eau filtrée
Quelques branches de romarin (facultatif)
200 g (7 oz) de feta en cubes
cuillères chinoises

Recette
Porter de l'eau à ébullition dans une casserole. Inciser en X la peau des prunes au bout contraire du pédoncule (tige). Plonger les fruits 60 secondes dans l'eau bouillante. Plonger ensuite dans de l'eau glacée. Peler et couper la chair des prunes en petits dés. Dans une autre casserole, chauffer l'eau et le sucre avec le romarin et quelques pelures de prunes pour colorer. Ajouter les dés de prunes et cuire 5 à 8 minutes ou jusqu'à tendreté. Jeter le romarin. Refroidir. Couper le fromage en dés. Disposer les cuillères chinoises sur une assiette. Les garnir de dés de prunes et parsemer de fromage.

Congélation : refroidir complètement. Congeler les cuillères à découvert. Démouler et ranger la garniture gelée dans des sacs de congélation à plat.

Décongélation : remettre les garnitures dans les cuillères chinoises. Laisser décongeler 5 heures au réfrigérateur dans une assiette ou un plateau de service recouvert d'une pellicule plastique ou 1 heure à température de la pièce.

Servir : servir les cuillères tempérées ou déposer sur des craquelins ou garnir des petites coupes de pâte phyllo ou dans des feuilles d'endive.

feta

Baluchons aux figues et prosciutto 12 portions

Temps de préparation : 30 minutes • Temps de cuisson : 10 minutes

Ingrédients
6 feuilles de pâte phyllo
2 tranches de prosciutto
5 à 6 figues sèches
2 tranches de provolone (facultatif)
75 ml (5 c. à soupe) de beurre et d'huile d'olive (pour badigeonner)
Poivre moulu

Recette
Couper les tranches de prosciutto en petites lanières et le fromage en petits carrés de 2,5 cm (1 po). Réserver. Hacher les figues. Les cuire environ 10 minutes à feu doux dans un peu d'eau pour obtenir une purée. Poivrer au goût. Refroidir.

Dans un moule à muffin beurré, déposer 3 carrés de phyllo d'environ 10 cm (6 po) badigeonnées de beurre. Déposer un carré de fromage si désiré au fond. Ajouter une petite cuillère de purée de figue et un morceau de prosciutto en le repliant. Fermer le baluchon en papillote. Badigeonner de beurre. Cuire au four préchauffé à 200 ºC (400 ºF) jusqu'à ce qu'ils soient bien dorés, environ 15 minutes. Refroidir sur une grille.

Congélation : refroidir complètement. Congelez à découvert et conserver dans un contenant rigide plat, en portions ou dans un sac de congélation doublé d'un carton rigide.

Décongélation : ne pas décongeler.

Servir : déposer les baluchons sur une plaque de cuisson ou un plat allant au four. Badigeonner de beurre si nécessaire. Recouvrir d'une feuille d'aluminium. Préchauffer le four à 230 ºC (450 ºF). Enfourner 10 minutes. Éviter le micro-ondes.

Tartelettes aux pestos et noix de pin 24 portions

Temps de préparation : 30 minutes • Temps de cuisson : 10 minutes

Ingrédients
2 œufs battus
60 ml (¼ tasse) de crème 35 %
60 ml (¼ de tasse) de lait
30 ml (2 c. à soupe) de parmesan
2,5 ml (½ c. à thé) de pesto aux tomates
2,5 ml (½ c. à thé) de pesto au basilic
15 ml (1 c. à soupe) de noix de pin

Pâte à l'huile d'olive (pour 24 tartelettes ou 2 abaisses)
560 ml (2 ¼ tasses) de farine non blanchie tamisée
5 ml (1 c. à thé) de sel de mer
90 ml (¼ tasse + 2 c. à soupe) de lait froid
140 ml (½ tasse + 1 c. à soupe) d'huile d'olive

Recette
Pâte : Préchauffer le four à 190 ºC (375 ºF). Mélanger le lait froid et l'huile. Mélanger la farine et le sel dans un bol. Faire un puits et verser le liquide en mélangeant à la fourchette. Façonner la pâte avec les mains jusqu'à ce qu'elle se détache des parois. Former un disque et l'étendre sur une feuille de papier ciré. Tailler des cercles de la taille des moules avec un verre. Foncer les abaisses dans les moules à tartelettes en étendant la pâte avec les doigts. Aligner les tartelettes sur une plaque à cuisson. Piquer les fonds et couvrir de papier d'aluminium. Remplir de riz ou de poids à cuisson. Cuire 15 à 18 minutes jusqu'à ce que la pâte soit sèche. Refroidir complètement sur une grille. Remettre les tartelettes précuites sur une plaque de cuisson et garnir.

Garniture : Battre les œufs avec le lait et la crème. Verser dans les tartelettes refroidies. Ajouter un pincée de pesto rouge ou vert et saupoudrer de fromage. Ajouter les noix de pin. Cuire 15 minutes ou jusqu'à ce que le centre soit ferme ou qu'un cure-dent inséré au centre de la quiche en ressorte propre. Refroidir sur une grille.

Congélation : refroidir complètement. Diviser en quantités pratiques (6, 8, 10) en les déposant dans des sacs de plastique ou dans un contenant rigide.

Décongélation : dans l'emballage au réfrigérateur.

Servir : réchauffer au four préchauffé à 180 ºC (350 ºF) environ 8 minutes.

Bouchées de banane plantain et sauce rougail

12 portions

Temps de préparation : 20 minutes • Temps de cuisson : 15 minutes

Ingrédients

2 bananes plantains (fermes et mûres)
Sel de mer fin iodé
Huile de pépins de raisins

Sauce rougail

4 grosses tomates
1 petit oignon doux haché finement
2 gousses d'ail dégermées
5 ml (1 c. à thé) de curcuma
5 ml (1 c. à thé) de thym séché
1 ml (¼ c. à thé) de poivre de Cayenne
(ou quelques gouttes de sauce Tabasco)
1 ml (¼ c. à thé) de sel de mer
15 ml (1 c. à soupe) d'huile végétale
15 ml (1 c. à soupe) de vinaigre de vin rouge

Recette

Sauce : Épépiner les tomates et les couper en dés. Réserver. Faire revenir l'oignon haché. Ajouter l'ail et tous les autres ingrédients. Mijoter à feu moyen doux de 10 à 15 minutes. Rallonger à l'eau si nécessaire. Refroidir.

Congélation : refroidir complètement la sauce; congeler la sauce dans un contenant ou un sac de congélation. Ne pas congeler les bananes frites, les préparer au service

Décongélation : dans l'emballage au réfrigérateur ou au micro-ondes.

Laisser mûrir les bananes jusqu'à ce qu'elles soient très noires mais encore fermes. Peler et couper en tronçons et recouper au centre. Saler et laisser dégorger une quinzaine de minutes.

Servir : réchauffer la sauce à feu doux sur la cuisinière ou au micro-ondes. Chauffer assez d'huile dans une poêle et frire les bananes salées de chaque côté. Déposer sur du papier absorbant au fur et à mesure. Piquer les bouchées de bananes frites de petites brochettes de bois et les disposer sur une assiette de service avec des petits bols de sauce rougail en accompagnement.

Mini-tatins variées 12 portions

Temps de préparation : 30 minutes • Temps de cuisson :
15 minutes

Ingrédients

100 g (3,5 oz) de pâte feuilletée au beurre
2 œufs battus
60 ml (¼ tasse) de crème 35 %
60 ml (¼ de tasse) de lait
30 ml (2 c. à soupe) de fromage râpé (gruyère, parmesan,
cheddar)
Brins d'herbes du jardin (thym, estragon, ciboulette, basilic)

Garnitures au choix

a) 6 champignons (de Paris, pleurote, cèpes) et jus de citron
   et beurre
b) 1 morceau de 5 cm (2 po) de chorizo ou 2 tranches
   minces de jambon
c) 125 ml (½ tasse) de pousses d'épinards
d) 4 à 5 tomates séchées

Recette

Préchauffer le four à 220 ºC (425 ºF). Abaisser la pâte feuilletée pour obtenir un rectangle. Tailler des cercles à l'emporte-pièce ou avec un verre d'environ 6,25 cm (2,5 po). Réserver. Beurrer des moules à muffins, ou employer des moules en silicone.

Fouetter les œufs avec le lait et la crème.

Préparer une ou plusieurs garnitures :

Trancher les champignons, les arroser de jus de citron et les faire revenir dans le beurre 3 à 4 minutes en brassant; couper de petites tranches fines de saucisson; couper les tiges d'épinards et conserver les feuilles; hacher des herbes fraîches. Déposer une ou deux garnitures choisies au fond de chaque moule au goût. Aromatiser d'herbes, poivrer et saler légèrement au goût. Verser environ 22 ml (1½ c. à soupe) de mélange aux œufs. Déposer un cercle de pâte feuilletée. Cuire 15 minutes ou jusqu'à ce que la pâte feuilletée soit dorée. Refroidir. Démouler sans retourner.

Congélation : refroidir complètement. Congeler dans une assiette à découvert coté feuilleté sur le dessus. Diviser dans des sacs de plastique muni d'une base en carton ou dans un contenant rigide avant de recouvrir d'une pellicule plastique et d'une feuille d'aluminium.

Décongélation : dans l'emballage au réfrigérateur environ 6 heures.

Servir : chambrer ou réchauffer légèrement au four préchauffé à 200 ºC (400 ºF) environ 5 minutes. Éviter le micro-ondes. Servir en les renversant comme une tatin, pâte feuilletée sous la garniture.

Soupe à l'oignon gratinée ... 70

Soupe minestrone à la bette à carde ... 72

Velouté de petits pois à la menthe ... 73

Soupe à la dinde et legumes ... 74

Potage aux courgettes et poireaux ... 75

Soupe au chou et aux merguez ... 76

Soupe au raviolis chinois (« won ton ») ... 77

Soupe de poulet au maïs et à la lime ... 78

Potage aux pois cases ... 79

Velouté aux asperges ... 80

Crème veloutée aux tomates et sarrazin ... 81

Soupe aux lentilles ... 82

Velouté à la citrouille et pépites de glace à la coriandre ... 83

Soupes

Soupes et potages

Soupe à l'oignon gratinée 6 à 8 portions

Temps de préparation : 10 minutes • Temps de cuisson : 30 minutes

Ingrédients

1 l (4 tasses) de bouillon de bœuf réduit en sel
1 gros oignon espagnol
15 ml (1 c. à soupe) d'huile d'olive et de beurre
250 ml (1 tasse) de vin blanc sec
1 feuille de laurier
1 brin de thym et de persil
8 tranches de pain croûté (1,25 cm-½ po)
750 ml (3 tasses) de gruyère

Recette

Hacher finement l'oignon au robot. Chauffer l'huile et le beurre dans un chaudron et faire revenir les oignons sans les dorer environ 10 minutes à feu moyen élevé. Verser le vin. Remuer quelques minutes. Ajouter le bouillon et les herbes. Réduire le feu et mijoter 20 minutes. Refroidir. Jeter la feuille de laurier et les herbes.

Griller les tranches de pain au four, déposer le fromage sur les tranches hors du four et remettre quelques minutes pour faire fondre le fromage. Refroidir.

Congélation : refroidir complètement. Congeler le pain gratiné à découvert; séparer chaque tranche d'une feuille de papier ciré. Emballer dans un sac de congélation. Congeler la soupe à part en portions, dans des contenants.

Décongélation : dans l'emballage au réfrigérateur, au micro-ondes ou partiellement à température ambiante.

Servir : chauffer la soupe sur la cuisinière ou au micro-ondes. Rectifier l'assaisonnement. Déposer un croûton gratiné au fond du bol, si désiré, ou sur le dessus de la soupe quand le four est prêt. Utiliser des bols à l'épreuve de la chaleur. Déposez-les sur une plaque de cuisson. Ajouter un peu de fromage, environ 30 ml-2 c. à soupe de plus, pour gratiner le tout en passant sous le grill préchauffé du four quelques minutes. Surveiller attentivement.

Variation : d'autres fromages à pâte ferme peuvent remplacer le gruyère: suisse, cheddar, mozzarella, brick. Pour une soupe plus épaisse, ajouter 1 c. à soupe de farine délayée dans un peu de bouillon froid pendant que le bouillon mijote.

Soupe minestrone à la bette à carde 10 portions

Temps de préparation : 15 minutes • Temps de cuisson : 50 minutes

Ingrédients

1 os à moelle (½ lb (250 g))
1 feuille de laurier
1,5 l (6 tasses) d'eau filtrée
1 boîte de 796 ml (28 oz) de tomates italiennes (ou l'équivalent fraîches en été)
3 carottes
2 branches de céleri
1 petit poireau
1 petite courgette
1 botte de bettes à carde
5 ml (1 c. à thé) de marjolaine (ou origan)
250 ml (1 tasse) de petits haricots blancs cuits
250 ml (1 tasse) de pâtes aux œufs
250 ml (1 tasse) de petits pois surgelés

Accompagnement

Pesto au basilic et noix
Copeaux de parmesan

Recette

Hacher les tomates grossièrement dans la boîte. Couper les carottes, le céleri, le poireau et la courgette en tranches minces. Hacher les feuilles de bettes à carde et les tiges en petits dés. Réserver. Chauffer l'eau avec l'os à moelle et la feuille de laurier 10 minutes. Verser les tomates, les carottes, le céleri, le poireau, la courgette et la marjolaine et mijoter 30 minutes. Ajouter les bettes à carde et les haricots. Cuire 10 minutes. Incorporer les pâtes en fin de cuisson. Les pâtes doivent être al dente. Ajouter les pois surgelés. Le temps de refroidissement les cuira. Refroidir. Jeter l'os à moelle et la feuille de laurier.

Congélation : refroidir complètement. Diviser en portions. Congeler.

Décongélation : dans l'emballage au réfrigérateur ou au micro-ondes.

Servir : réchauffer à feu moyen-doux sur la cuisinière ou au micro-ondes. Servir avec un peu de pesto et garnir de copeaux de parmesan frais. Accompagner la soupe de gressins ou d'un pain de grains entiers.

Variation : remplacer les pâtes aux œufs par de petits raviolis à la viande ou au fromage comme on le fait à Gênes. Remplacer les bettes à carde par des épinards congelés hachés ou les haricots blancs par des lentilles.

Velouté de petits pois à la menthe **6 portions**

Temps de préparation : 5 minutes • Temps de cuisson : 2 minutes

Ingrédients

500 ml (2 tasses) de bouillon de poulet
250 ml (1 tasse) d'eau filtrée
1 l (4 tasses) de petits pois surgelés
5 ml (1 c. à thé) d'huile de noisette
60 ml (¼ tasse) feuilles de menthe
125 ml (½ tasse) de crème à cuisson 15 %
Poivre moulu

Recette

Porter le bouillon et l'eau à ébullition dans une casserole. Ajouter les pois surgelés. Réduire le feu au minimum. Cuire 5 minutes en remuant. Ajouter les feuilles de menthe. Retirer du feu. Réduire au mélangeur. Ajouter de la crème. Remettre sur le feu et cuire environ 5 minutes en remuant. Refroidir.

Congélation : refroidir complètement. Diviser en portions. Congelez dans des contenants rigides ou dans des sacs de congélation.

Décongélation : dans l'emballage au réfrigérateur ou au micro-ondes.

Servir : réchauffer à feu moyen-doux sur la cuisinière ou au micro-ondes. Rectifier l'assaisonnement. Servir avec des craquelins aux graines de pavot et un filet d'huile de noisette.

Variation : préférer les bouillons réduit en sel et sans exhausteur de goût (glutamate mono-sodique - MSG). Cet additif peut provoquer des réactions désagréables.

Soupe à la dinde et légumes 8 portions

Temps de préparation : 12 minutes • Temps de cuisson : 2 heures

Ingrédients

1 l (4 tasses) de bouillon de dinde
250 ml (1 tasse) d'eau filtrée
250 ml (1 tasse) de chacun des légumes en dés :
carotte, rutabaga, céleri, oignon
80 ml (1/3 tasse) de riz (rouge ou sauvage ou brun)
1 feuille de laurier
1 ml (¼ c. à thé) de romarin séché
250 ml (1 tasse) de lentilles (vertes ou rouges)
250 ml (1 tasse) de morceaux de dinde hachés
Sel et poivre noir moulu

Recette

Porter le bouillon et l'eau à ébullition. Ajouter tous les ingrédients. Saler et poivrer légèrement. Mijoter à feu doux 1 heure à mi-couvert. Refroidir. Jeter la feuille de laurier.

Congélation : refroidir complètement. Congeler en portions dans des contenants ou des sacs de congélation.

Décongélation : dans l'emballage au réfrigérateur ou au micro-ondes.

Servir : chauffer à feu doux dans un bol au micro-ondes. Goûter et rectifier l'assaisonnement. Accompagner avec des craquelins, des gressins ou du pain.

Potage aux courgettes et poireaux 4 portions

Temps de préparation : 10 minutes • Temps de cuisson : 18 minutes

Ingrédients

2 courgettes moyennes
2 poireaux
Huile d'olive extravierge
15 ml (1 c. à soupe) de farine de pomme de terre
500 à 750 ml (2 à 3 tasses) d'eau filtrée
Ou du bouillon biologique réduit en sel (légumes ou poulet)
125 ml (½ tasse) de crème légère (5 ou 10 %)

Recette

Trancher le blanc du poireau finement après l'avoir bien nettoyé sous l'eau froide. Râper les courgettes. Faire revenir les poireaux dans l'huile d'olive à feu doux en remuant (les dorer un peu si désiré). Ajouter les courgettes et l'eau. Porter à ébullition. Réduire le feu et cuire environ 10 minutes ou jusqu'à ce que les légumes soient attendris. Réduire en purée au mélangeur en ajoutant la farine en 2 ou 3 fois. Remettre sur le feu et verser la crème. Cuire 5 minutes de plus en remuant. Saler et poivrer au goût. Refroidir.

Congélation : refroidir complètement. Congeler en portions dans des contenants ou des sacs de congélation.

Décongélation : dans l'emballage au réfrigérateur ou au micro-ondes.

Servir : chauffer à feu doux dans une casserole ou au micro-ondes. Ce potage peut être servi froid. Goûter avant et rectifier l'assaisonnement. Servir avec du pain croûté ou des craquelins accompagnés d'un fromage.

Soupe au chou et aux merguez **6 portions**

Temps de préparation : 10 minutes • Temps de cuisson : 35 minutes

Ingrédients
1 petit chou
1 oignon jaune
60 ml (¼ tasse) d'orge mondé
2 saucisses merguez d'agneau surgelées
500 ml (2 tasses) de bouillon de bœuf
1,5 l (6 tasses) d'eau filtrée
60 ml (¼ tasse) de pâte de tomates
2,5 ml (½ c. à thé) de sel de mer
1 feuille de laurier
1 brin de thym
500 ml (2 tasses) de gruyère râpé

Recette
Porter à ébullition le bouillon et l'eau dans un faitout. Dégager les feuilles et les nervures centrales coriaces du chou. Hacher finement le chou et l'oignon au robot ou au couteau. Trancher les saucisses décongelées en rondelles. Ajouter tous les ingrédients sauf le fromage au bouillon. Réduire le feu et mijoter environ 35 minutes à feu doux en remuant de temps en temps. Refroidir. Retirer le thym et le laurier

Congélation : refroidir complètement. Diviser en portions.

Décongélation : dans l'emballage au réfrigérateur ou au micro-ondes.

Servir : réchauffer à feu moyen-doux dans une casserole ou dans un bol au micro-ondes. Servir en saupoudrant généreusement de fromage râpé, suisse ou gruyère par exemple. Il est possible, avec des bols résistants, de les passer quelques minutes sous le gril du four pour gratiner ou encore d'utiliser le micro-ondes. Servir avec un petit pain exotique : pita, naan.

Soupe au raviolis chinois (« won ton ») 6 portions

Temps de préparation : 15 minutes • Temps de cuisson : 20 minutes

Ingrédients
500 ml (2 tasses) de bouillon de poulet réduit en sel
500 ml (2 tasses) d'eau filtrée
4 oignons verts hachés

Pour la farce des won tons
1 blanc de poulet (environ 400 g-13 oz)
1 gousse d'ail dégermée hachée finement
5 ml (1 c. à thé) de gingembre haché finement
5 ml (1 c. à thé) d'huile de sésame
60 ml (¼ tasse) d'eau
2,5 ml (½ c. à thé) de sauce soja légère
1 œuf battu
12 pois sucrés « sugar snap »
Environ 240 g (7 oz) de pâtes won ton

Recette
Cuire les poitrines dans de l'eau bouillante. Égoutter. Effiler les pois et les blanchir quelques minutes. Les hacher. Déchiqueter et hacher en petits morceaux la poitrine de poulet et mettre dans un bol. Ajouter l'œuf battu, l'ail, le gingembre, l'eau et la sauce soja et les pois blanchis hachés. Préparer le bouillon. Farcir les pâtes et bien souder en humidifiant les pourtours après avoir fait de petites pochettes. Quand le bouillon est bien chaud, déposer les pâtes farcies avec une cuillère. Cuire environ 5 minutes en remuant doucement pour éviter que les pâtes ne collent au fond du chaudron. Égoutter les raviolis. Refroidir séparément le bouillon des raviolis.

Congélation : refroidir complètement. Congeler à découvert les raviolis puis les emballer dans un sac de congélation; verser le bouillon dans un contenant en portions en ajoutant les oignons verts crus.

Décongélation : dans l'emballage au réfrigérateur. Le bouillon au micro-ondes.

Servir : réchauffer le bouillon en premier et ajouter les raviolis par la suite sur la cuisinière à feu moyen-doux ou au micro-ondes. De la sauce soja ou tamari légère peut relever le bouillon au goût.

Soupe de poulet au maïs et à la lime 6 portions

Temps de préparation : 10 minutes • Temps de cuisson : 15 minutes

Ingrédients
1 ½ l (6 tasses) de bouillon de poulet réduit en sel
1 l (4 tasses) de maïs surgelés
1 l (4 tasses) d'épinards tassés (frais ou surgelés)
625 ml (2 ½ tasses) de poulet cuit en morceaux
60 ml (¼ tasse) de jus de lime
2 pincées de sauge séchée

Recette
Hacher les épinards. Porter le bouillon à ébullition. Réduire le feu en incorporant tous les ingrédients. Mijoter 8 minutes. Refroidir.

Congélation : refroidir complètement. Diviser en portions.

Décongélation : dans l'emballage au réfrigérateur ou au micro-ondes.

Servir : réchauffer à feu moyen-doux dans une casserole ou dans un bol au micro-ondes. Goûter et rectifier l'assaisonnement (une pincée de poivre peut être ajoutée ou de sauge). Servir avec des craquelins de riz, des chips tortilla nature ou des chips de légumes racines.

maïs

Potage aux pois cassés 6 portions

Temps de préparation : 10 minutes • Temps de cuisson : 2 heures

Ingrédients

500 ml (2 tasses) de pois jaunes cassés
1 petit oignon jaune
2 branches de céleri avec les feuilles
1 petit rutabaga haché
500 ml (2 tasses) de bouillon de poulet
750 ml (3 tasses) d'eau
125g (4 oz) de jambon cuit ou des tranches de bacon cuit
1 brin de thym

Recette

Mettre tous les ingrédients dans un faitout. Porter à ébullition. Remuer. Réduire le feu et mijoter 2 heures en remuant de temps à autre. Ajouter de l'eau si nécessaire. Jeter le thym. Réduire la moitié en purée au mélangeur. Refroidir.

Congélation : refroidir complètement. Congeler en portions dans des contenants ou des sacs de congélation.

Décongélation : dans l'emballage au réfrigérateur ou au micro-ondes.

Servir : chauffer à feu doux dans une casserole ou au micro-ondes. Goûter et rectifier l'assaisonnement. Ajouter des cubes de jambons supplémentaires ou du bacon cuit et émietté dans les bols. Pour une soupe repas, accompagner de pain de seigle ou de grains entiers, d'une tranche de fromage ferme ou demi-ferme ou de cottage.

Velouté aux asperges **4 portions**

Temps de préparation : 8 minutes • Temps de cuisson : 15 minutes

Ingrédients

400 g (12 oz) d'asperges surgelées (ou fraîches)
60 ml (¼ tasse) d'oignon haché
10 ml (2 c. à thé) de beurre
10 ml (2 c. à thé) d'huile
1 ml (¼ c. à thé) de graines de carvi (facultatif)
30 ml (2 c. à soupe) de farine
500 ml (2 tasses) de lait entier
500 ml (2 tasses) de crème 10 %

Recette

Peler et couper la base plus coriace (2,5 à 5 cm -1 à 2 po) des asperges fraîches ou surgelées. Cuire jusqu'à tendreté dans l'eau bouillante légèrement salée. Égoutter et hacher assez finement au robot ou au couteau. Faire chauffer sans bouillir le lait et la crème. Dans un chaudron, blondir l'oignon dans le beurre et l'huile. Broyer les graines de carvi et ajouter aux oignons. Ajouter la farine et mélanger. Verser les liquides chauds en 2 ou 3 fois tout en brassant jusqu'à épaississement. Incorporer les asperges. Mijoter 8 minutes sans couvrir. Réduire en purée lisse au mélangeur. Ne pas trop assaisonner. Refroidir.

Congélation : refroidir complètement. Diviser en portions.

Décongélation : dans l'emballage au réfrigérateur ou au micro-ondes.

Servir : réchauffer à feu moyen-doux en brassant dans une casserole ou dans un bol au micro-ondes. Ajouter un peu de lait ou de crème si nécessaire. Goûter et rectifier l'assaisonnement. Servir avec du pain de seigle (Pumpernickel) ou un pain aux noisettes.

Crème veloutée aux tomates et sarrazin 6 portions

Temps de préparation : 15 minutes • Temps de cuisson : 20 minutes

Ingrédients

125 ml (½ tasse) de sarrasin blanc
250 ml (1 tasse) de bouillon de poulet réduit en sel
125 ml (½ tasse) de dés de céleri
60 ml (¼ tasse) de dés d'oignon
60 ml (¼ tasse) de dés de poivron coloré
750 ml (3 tasses) de jus de légumes à l'aneth
1 feuille de laurier
5 ml (1 c. à thé) d'herbes séchées au choix :
origan, basilic ou marjolaine
5 ml (1 c. à thé) d'huile d'olive
5 ml (1 c. à thé) de fécule de maïs
60 ml (¼ tasse) de crème 15 %
Sel et poivre noir moulu

Recette

Cuire le sarrasin dans le bouillon chaud environ 10 minutes. Porter à ébullition le jus de légumes dans un grand faitout. Ajouter tous les légumes, les herbes et la feuille de laurier. Réduire le feu et mijoter 15 minutes. Incorporer le sarrasin cuit. Mélanger dans un petit bol la fécule et l'huile. Verser un peu de liquide chaud de la soupe et mélanger. Incorporer graduellement cette dilution à la soupe tout en brassant. Cesser la cuisson dès que la soupe aura épaissi. Verser la crème en mélangeant. Refroidir. Jeter la feuille de laurier.

Congélation : refroidir complètement. Congelez en portions dans des contenants ou des sacs de congélation.

Décongélation : dans l'emballage au réfrigérateur ou au micro-ondes.

Servir : réchauffer à feu doux sur la cuisinière ou dans un bol au micro-ondes en remuant. Assaisonner au goût (sel et poivre). Servir avec une herbe fraîche. À déguster comme soupe repas, avec un morceau de fromage et une baguette grillée au beurre à l'ail ou un mélange d'huile d'olive et de vinaigre balsamique.

Soupe aux lentilles 6 portions

Temps de préparation : 15 minutes • Temps de cuisson : 20 minutes

Ingrédients
250 ml (1 tasse) de lentilles de Puy
750 ml (3 tasses) d'eau filtrée
375 ml (1 ½ tasse) de tomates en boîtes (ou l'équivalent fraîches)
500 ml (2 tasses) d'épinards surgelés hachés
250 ml (1 tasse) de carotte hachée
250 ml (1 tasse) de céleri haché
Huile d'olive et beurre
1 petit oignon haché (ou échalote française)
1 gousse d'ail hachée finement
1 feuille de laurier
1 ml (¼ c. à thé) de sucre
Pincée d'origan séché
Bonne pincée de cumin en poudre
Pincée de piment chili ou autre (facultatif)
Sel et poivre noir frais moulu au goût

Recette
Dans un chaudron moyen, faire revenir l'oignon dans l'huile et le beurre. Ajouter l'ail. Verser l'eau et tous les autres ingrédients incluant les épices et une pincée de sel (poivrer à la fin). Porter à ébullition. Baisser le feu et mijoter environ 1 heure à feu doux. Refroidir. Jeter la feuille de laurier.

Congélation : refroidir complètement. Congelez en portions dans des contenants ou des sacs de congélation.

Décongélation : dans l'emballage au réfrigérateur ou au micro-ondes.

Servir : réchauffer à feu doux ou dans un bol au micro-ondes en remuant.

Goûter et rectifier l'assaisonnement. Servir avec un peu de fromage râpé et une tranche de pain de grains entiers.

Variation : utiliser quelques cuillères de ketchup genre « chili » et omettre le sucre.

Velouté à la citrouille et pépites de glace à la coriandre 4 portions

Temps de préparation : 8 minutes • Temps de cuisson : 15 minutes

Velouté

1 gros poireau haché
30 ml (2 c. à soupe) d'huile végétale biologique
30 ml (2 c. à soupe) de farine
500 ml (2 tasses) de bouillon de poulet
500 ml (2 tasses) de lait de soja (ou de vache)
500 ml (2 tasses) de purée de citrouille cuite (surgelée, fraîche ou en conserve)
5 ml (1 c. à thé) de poudre de cari (de Madras)

Accompagnement

125 ml (½ tasse) de feuilles de coriandre tassées
250 ml (1 tasse) d'eau gazéifiée naturelle
5 ml (1 c. à thé) de jus de lime
15 ml (1 c. à soupe) de sucre granulé (ou plus au goût)

Recette

Dans un faitout, attendrir le poireau dans l'huile chaude en remuant. Ajouter la farine en brassant. Remettre sur le feu et verser le bouillon chaud graduellement en brassant. Verser ensuite le lait. Ajouter les épices et incorporer la purée de citrouille. Mélanger. Réduire en purée veloutée en passant au mélangeur si désiré. Refroidir.

Pépites glacées de coriandre : Réduire les feuilles de coriandre avec le sucre, le jus de citron et un peu d'eau au mélangeur. Ajouter le reste de l'eau. Congeler. Réduire en pépites en déposant dans un linge propre le mélange glacé et piler la glace au rouleau à pâte ou avec un marteau. Remettre au congélateur dans un sac de congélation jusqu'au moment de servir.

Congélation : refroidir complètement la soupe. Diviser en portions.

Décongélation : le velouté dans l'emballage au réfrigérateur ou au micro-ondes. Ne pas décongeler les pépites.

Servir : réchauffer à feu moyen-doux en brassant dans une casserole ou dans un bol au micro-ondes. Ajouter un peu de lait si nécessaire. Goûter et rectifier l'assaisonnement. Garnir d'une cuillerée de pépites (congelées) à la coriandre. Servir avec du pain naan.

Variation : si vous n'aimez pas la coriandre, utiliser de la menthe, du basilic et remplacer la lime par du jus de citron.

Boulettes de viande de base au vin rouge
et sauce aux champignons ... 86

Pâté chinois classique ... 88

Pâté de bœuf mijoté à la bière brune ... 89

Chili au bœuf ... 90

Cassoulet québécois ... 91

Boulettes suédoises « köttbullar » ... 92

Jarret de bœuf à la mijoteuse ... 93

Mijoté de veau style goulash hongrois ... 94

Ragoût irlandais ... 95

Petit pain d'agneau à la menthe ... 96

Pain de viande à l'orientale ... 97

Burger au cheddar et aux oignons ... 98

Terrine de lapin aux pruneaux ... 99

Tourtière québécoise ... 100

Bœuf braisé aux légumes d'hiver ... 101

Escalope de veau à la crème ... 101

Bœuf

Plats de résistance à base de viande
(bœuf, agneau, veau, lapin)

Boulettes de viande de base au vin rouge et sauce aux champignons 20 boulettes

Temps de préparation : 15 minutes • Temps de cuisson : 15 minutes

Ingrédients

500 g (1 lb) de bœuf haché maigre
4 oignons verts hachés finement
1 petite gousse d'ail hachée finement (facultatif)
30 ml (2 c. à soupe) de pignons hachés
1 œuf battu
2 tranches de pain en cubes
125 ml (½ tasse) de vin rouge
2,5 ml (½ c. à thé) de sel de mer
Pincée de poivre de Cayenne
5 ml (1 c. à thé) de basilic séché
1 ml (¼ c. à thé) d'origan séché
75 ml (⅓ tasse) de romano râpé

Sauce au vin rouge et aux champignons (facultatif)

45 ml (3 c. à soupe) de beurre
60 ml (¼ tasse) de farine
500 ml (2 tasses) de bouillon de bœuf
60 ml (¼ tasse) de vin rouge
Pincée de sucre ou du miel
1 petit oignon tranché
1 feuille de laurier
Poivre du moulin
70 g (2,5 oz) de cèpes (porcini)
250 ml (1 tasse) d'eau tiède filtrée

Note : vous pouvez ajouter d'autres variétés de champignons, ce qui apportera des saveurs et textures différentes à cette sauce de base.

Boulettes : Préchauffer le four à 180 ºC (350 ºF). Tremper les cubes de mie de pain dans le vin rouge. Dans un bol, mélanger tous les ingrédients en terminant avec le fromage râpé. Déposer les boulettes ou quenelles formées avec une cuillère à soupe (chacune faisant 30 ml - 2 c. à soupe soit environ 4 cm - 1½ po de diamètre) sur une plaque de cuisson recouverte de papier parchemin ou vaporiser d'huile en les espaçant d'1 po environ. Enfourner et cuire 15 minutes. Refroidir.

Sauce au vin et aux champignons : Réhydrater (en suivant les instructions de l'emballage) les champignons dans l'eau tiède. Les égoutter (conserver l'eau de trempage), les rincer et les assécher. Les trancher au goût. Faire dorer les tranches d'oignons dans le beurre à la poêle. Réserver dans une assiette. Ajouter la farine et mélanger. Faire brunir doucement à feu moyen-doux. Verser du bouillon tiède en fouettant pendant la cuisson. Ajouter la feuille de laurier. Mouiller avec l'eau des champignons et remettre les oignons. Augmenter la chaleur. Verser le vin rouge et mélanger lorsque la sauce commence à frémir. Poivrer au goût et ajouter le sucre (ou le miel). Ajouter les champignons. Mijoter à feu doux 10 minutes. Passer au tamis. Refroidir.

Congélation : refroidir complètement. Congeler la sauce et les boulettes séparément. Congeler les boulettes à découvert; emballer en portions dans des sacs de congélation ou dans des contenants rigides.

Décongélation : la veille, dans l'emballage au réfrigérateur ou au micro-ondes.

Servir : réchauffer la sauce à feu doux ou au micro-ondes et les boulettes au four, au micro-ondes ou dans la sauce chaude. Servir avec des pâtes, du riz, une purée de légumes ou des légumes vapeur.

Pâté chinois classique 12 portions

Temps de préparation : 15 minutes • Temps de cuisson : 30 minutes

Ingrédients (pour 2 plats profonds)
(23,5cm x 13,3 cm x 7cm – 9,25 po x 5,25x 2,75 po)

1 kg (2,2 lb) de bœuf haché maigre
1 oignon moyen haché finement
Huile d'olive
1 gousse d'ail dégermée hachée finement
6 -7 pommes de terre
625 ml (2 ½ tasses) de lait écrémé chaud
250 ml (1 tasse) de maïs en grain congelé
250 ml (1 tasse) de maïs en crème
15 ml (1 c. à soupe) de sauce Worcestershire
2,5 ml (½ c. à thé) de sel
Une pincée de poivre noir moulu
Paprika doux

Recette
Préchauffer le four à 190 ºC (375 ºF). Trancher les pommes de terre en gros morceaux; les cuire dans l'eau bouillante salée; égoutter et réduire en purée en ajoutant du lait chaud. Saler et poivrer au goût. Réserver. Blondir l'oignon dans un peu d'huile en remuant. Ajouter la viande. Cuire à feu moyen, elle peut rester rosée. Dégraisser. Distribuer la viande dans 2 plats allant au four. Ajouter le maïs en grains et en crème. Terminer avec la purée de pomme de terre. Saupoudrer de paprika. Enfourner et cuire environ 30 minutes pour un plat à servir et 15 minutes pour un plat à congeler. Refroidir.

Congélation : refroidir complètement. Emballer. Congeler en portions si désiré.

Décongélation : la veille, dans l'emballage au réfrigérateur ou au micro-ondes.

Servir : réchauffer le plat 15 à 20 minutes au four préchauffé à 200 ºC (400 ºF) ou au micro-ondes. Servir avec un bon ketchup ou chutney maison (papaye-prunes).

Variations : ajouter à la viande 250 ml (1 tasse) d'épinards congelés ou 250 ml (1 tasse) de champignons tranchés crus; saupoudrer la viande de Chipotle ou Ancho pour une note piquante. Les patates douces et l'oignon vert sont des substituts très intéressants pour ce plat traditionnel.

Pâté de bœuf mijoté à la bière brune **4 à 5 portions**

Temps de préparation : 20 minutes • Temps de cuisson : 2 heures

Ingrédients

750 g (1 ½ lb) de cubes de bœuf à bouillir
30 ml (2 c. à soupe) de farine
375 ml (1 ½ tasse) de bière brune
125 ml (½ tasse) d'eau
1 bouquet garni (thym, persil, laurier)
1 botte de carottes
250 ml (1 tasse) de petits pois surgelés
1 oignon rouge tranché (ou des petits oignons)
Pincée de poivre de la Jamaïque
Sel et poivre au goût
10 ml (2 c. à thé) de farine (facultatif)
4 à 5 feuilles de pâte phyllo
30 ml (2 c. à soupe) de beurre fondu

Recette

Couper les carottes pelées en petits morceaux et l'oignon en rondelles. Réserver. Chauffer un peu d'huile et de beurre. Fariner la viande et brunir rapidement. Réserver et refroidir. Porter à ébullition dans un faitout les liquides et ajouter la viande, le bouquet garni et les carottes. Couvrir et laisser mijoter 2 heures. Retirer le bouquet garni, saler et poivrer au goût. Préchauffer le four à 190 ºC (375 ºF). Si vous désirez épaissir la sauce, mélanger un peu de farine à de l'eau froide pour obtenir une crème et épaissir le bouillon en brassant.

Verser le mijoté dans un plat beurré allant au four. Ajouter les pois surgelés. Couper les feuilles de pâte phyllo en 2. Les déposer rapidement en formant des plis (en les chiffonnant) une à la suite de l'autre pour recouvrir le plat et en ramenant le surplus sur les bords autour du plat. Badigeonner de beurre. Enfourner 10 à 15 minutes ou jusqu'à ce que la pâte phyllo soit bien dorée. Refroidir.

Congélation : refroidir complètement. Congeler.

Décongélation : la veille, dans l'emballage au réfrigérateur; éviter le micro-ondes.

Servir : réchauffer au four préchauffé à 190 ºC (375 ºF) pendant environ 20 à 30 minutes recouvert d'une feuille d'aluminium.

Chili au bœuf 4 à 6 portions

Temps de préparation : 20 minutes • Temps de cuisson : 2 h 30

Ingrédients

375 ml (2 ½ tasses) de haricots rouges cuits
500 g (1 lb) de bœuf haché maigre
1 gros oignon haché
1 boîte (796 ml - 28 oz) de tomate en dés (ou broyées)
30 ml (2 c. à soupe) de pâte de tomates
250 ml (1 tasse) de bouillon de bœuf
1 poivron de couleur haché
½ piment jalapeños haché finement (facultatif)
1 ml (¼ c. à thé) de chili et de cumin en poudre (ou quelques gouttes de sauce Tabasco)
2,5 ml (½ c. à thé) d'origan séché
1 ml (¼ c. à thé) de poivre noir moulu
Sel de mer iodé (au goût)

Recette

Tremper les fèves (250 ml - 1 tasse) 12 heures dans l'eau froide en changeant l'eau 1 ou 2 fois si possible. Les laisser dans un endroit frais ou au réfrigérateur. Rincer à fond sous l'eau froide les haricots (rincer également les haricots en conserve). Les cuire dans l'eau froide, 3 à 4 fois leur volume d'eau jusqu'à ce que les haricots soient tendres. Réserver. Dans un grand faitout, faire revenir environ 5 minutes les légumes hachés et la viande dans un peu d'huile d'olive. Dégraisser si nécessaire. Assaisonner. Ajouter tous les autres ingrédients et les haricots rouges cuits. Porter à ébullition et réduire le feu. Mijoter mi-couvert environ 1 heure à feu doux. Remuer de temps en temps et mouiller avec un peu d'eau si nécessaire en cours de cuisson. Refroidir.

Congélation : refroidir complètement. Congeler en portions dans des contenants rigides ou dans des sacs de congélation.

Décongélation : dans l'emballage au réfrigérateur ou au micro-ondes.

Servir : réchauffer à feu moyen doux sur la cuisinière en ajoutant un peu d'eau ou de bouillon si nécessaire ou réchauffer au micro-ondes. Goûter et rectifier l'assaisonnement. Servir tel quel avec des chips tortilla sans sel ou de pain de grains entiers accompagné d'une salade de légumes frais.

Cassoulet québécois 4 à 6 portions

Temps de préparation : 20 minutes • Temps de cuisson : 3 heures

Ingrédients

30 ml (2 c. à table) de graisse de canard
4 à 5 saucisses de Toulouse
2 cuisses de canard confites
6 tranches de lard fumé en morceaux (bacon)
3 carottes coupées en gros morceaux
1 gros oignon tranché
2 à 4 gousses d'ail dégermées (facultatif)
500 ml (2 tasses) de haricots blancs secs (env . 1 l - 4 tasses réhydratées)
500 ml (2 tasses) de bouillon de poulet
15 ml (1 c. à soupe) de pâte de tomates
250 ml (1 tasse) d'eau pour mouiller
1 clou de girofle
Pincées d'origan, basilic et thym
Poivre noir
125 ml (½ tasse) de chapelure fine (facultatif)

Recette

Faire tremper 2 tasses (environ) de haricots blancs toute la nuit. Bien rincer à l'eau froide une fois gonflés. Porter à ébullition le bouillon dans un grand faitout. Ajouter les haricots, les carottes, le bacon en morceaux, l'oignon piqué du clou de girofle, la pâte de tomates et les épices. Laisser mijoter 2 heures à feu doux avec le couvercle entrouvert. Ajouter les morceaux de canard et les saucisses préalablement rissolées dans la graisse de canard et coupées en morceaux. Incorporer aussi la graisse fondue au cassoulet. Mijoter encore 45 minutes à 1 heure ou jusqu'à ce que les haricots soient tendres. Refroidir. Désosser les morceaux de canard. Refroidir.

Congélation : refroidir complètement. Congeler en portions en répartissant les morceaux de canard désossés et la saucisse. Congeler séparément la chapelure.

Décongélation : dans l'emballage au réfrigérateur ou au micro-ondes.

Servir : réchauffer au four préchauffé 200 ºC (400 ºF). Couvrir de chapelure si désiré. Enfourner 20 minutes environ ou réchauffer au micro-ondes.

Conseils : si vous utilisez des haricots cuits en conserve, mijoter moins longtemps, environ 35 minutes à 45 minutes seulement.

Boulettes suédoises « köttbullar » 25 boulettes

Temps de préparation : 25 minutes • Temps de cuisson : 20 minutes

Ingrédients

500 g (env. 1 lb) de veau haché
30 ml (2 c. à soupe) d'huile d'olive ou de beurre
1 petit oignon haché finement
1 pomme de terre en purée
45 ml (3 c. à soupe) de chapelure fine
30 ml (2 c. à soupe) de crème sure
1 œuf battu
15 ml (1 c. à soupe) de persil haché
Sel de mer
45 ml (3 c. à soupe) de beurre et d'huile d'olive
15 ml (1 c. à soupe) de farine

Sauce à la crème sure

60 ml (¼ tasse) de farine
15 ml (1 c. à soupe) de beurre
6 ml (1 ¼ c. à thé) de paprika doux
250 ml (1 tasse) d'eau chaude
250 ml (1 tasse) de bouillon de bœuf
175 ml (¾ tasse) de crème sure
Quelques gouttes de Worcestershire
2,5 ml (½ c. à thé) de sel de mer (iodé)
2 pincées de poivre moulu

Recette

Faire revenir les oignons dans un peu d'huile ou de beurre environ 5 minutes en remuant ou jusqu'à ce qu'ils soient transparents. Mettre tous les ingrédients dans un bol sauf la farine, le beurre et l'huile. Former de petites boulettes d'environ 2,5 cm (1 po) de diamètre. Les déposer sur une plaque à cuisson et réfrigérer 1 heure. Ensuite, les enrober légèrement de farine. Chauffer l'huile et de beurre dans une poêle et dorer les boulettes 8 à 10 minutes en les retournant souvent. Refroidir. Conserver le fond de la poêle pour faire la sauce.

Sauce à la crème sure : Chauffer le beurre et tous les ingrédients de la sauce sauf la crème sure, l'eau et le bouillon dans la poêle ayant servi à cuire les boulettes. Racler le fond. Faite brunir la farine légèrement. Verser le bouillon en fouettant. Ajouter l'eau et la crème sure et mélanger. Ne pas bouillir. Refroidir.

Congélation : refroidir complètement. Congeler les boulettes à découvert ou dans la sauce. La sauce peut aussi être congelée à part dans un contenant ou dans un sac de congélation.

Décongélation : dans l'emballage les boulettes et la sauce au réfrigérateur ou au micro-ondes.

Servir : la sauce réchauffée à feu doux sur la cuisinière en remuant ou au micro-ondes peut être servie dans une saucière. Réchauffer les boulettes dans la sauce chaude, au four ou au micro-ondes. Servir avec des pâtes aux œufs ou une purée de légumes.

Jarret de bœuf à la mijoteuse 4 portions

Temps de préparation : 15 minutes • Temps de cuisson : 5 heures

Ingrédients

500 g (env. 1 lb) de jarret de bœuf (ou de veau)
Farine tout usage
Huile d'olive
125 ml (½ tasse) de vin rouge
125 ml (½ tasse) de bouillon de bœuf biologique
15 ml (1 c. à soupe) d'huile d'olive
2 gousses d'ail dégermées
1 feuille de laurier
2 tomates
2 carottes
1 petit navet
1 oignon jaune moyen
Sel et poivre noir moulu
Moutarde de Dijon (au service)

Recette

Trancher l'oignon, les carottes et les tomates en gros morceaux et l'ail en copeaux. Entailler les jarrets sur les bords tous les 2 ou 3 cm pour les empêcher de se rétracter. Fariner la viande. La saisir des 2 côtés dans l'huile chaude. Verser le vin et le bouillon dans la mijoteuse. Ajouter l'ail et la feuille de laurier. Ajouter la viande puis les légumes tout autour. Saler et poivrer légèrement. Cuire 5 à 6 heures à la mijoteuse (temps variable) ou sur la cuisinière à feu très doux environ 4 heures après avoir porté à ébullition. Mouiller avec un peu d'eau si nécessaire. Refroidir.

Congélation : refroidir complètement. Dégraisser si nécessaire et désosser. Congeler en portions sans épaissir le bouillon.

Décongélation : dans l'emballage au réfrigérateur ou au micro-ondes.

Servir : réchauffer sur la cuisinière à feu doux en ajoutant un mélange de farine (7,5 - 15 ml - ½ à 1 c. à soupe) dans un peu d'eau froide pour épaissir la sauce si désiré. Ajouter une pointe de moutarde de Dijon si désiré; goûter et rectifier l'assaisonnement. Servir avec des pommes de terre en purée ou au four comme accompagnement ou avec une bonne salade.

Mijoté de veau style goulash hongrois 6 portions

Temps de préparation : 20 minutes • Temps de cuisson : 2 h 30

Ingrédients
1 kg (2,2 lb) de palette de veau de lait
15 ml (1 c. à soupe) de farine
15 ml (1 c. à soupe) d'huile d'olive
2 oignons jaunes
15 ml (1 c. à soupe) de beurre et d'huile d'olive
1 boîte (796 ml - 28 oz) de tomates entières
125 ml (½ tasse) de vin blanc sec
1 grosse gousse d'ail dégermée hachée
1 bouquet garni (laurier, thym, persil)
500 ml (2 tasses) de légumes racines au choix
15 ml (1 c. à soupe) de paprika hongrois (ou régulier)
Sel de mer
Poivre noir moulu

Sauce d'accompagnement optionnelle
125 à 250 ml (½ à 1 tasse) de crème sure

Recette
Couper la viande en enlevant le plus de gras possible. Conserver l'os. Faire dorer la viande. Saupoudrer de paprika. Réserver. Trancher les oignons en quartiers. Dans un faitout, les faire blondir dans le beurre et l'huile 5 minutes. Ajouter les tomates en morceaux, le bouquet garni, le paprika, la viande et les haricots. Porter à ébullition. Assaisonner légèrement. Réduire le feu et mijoter 2 heures mi-couvert. Couper en morceaux environ 500 ml (2 tasses) de légumes racines (carotte, navet, rutabaga, etc.). Mouiller si nécessaire. Les incorporer 20 minutes avant la fin de la cuisson. Jeter le bouquet garni. Refroidir.

Congélation : refroidir complètement. Congeler en portions dans des contenants rigides ou des sacs de congélation.

Décongélation : dans l'emballage au réfrigérateur ou au micro-ondes.

Servir : réchauffer à feu moyen doux en ajoutant un peu d'eau ou de bouillon si nécessaire ou réchauffer au micro-ondes. Goûter et rectifier l'assaisonnement. Cuire des pommes de terre (4 à 5) à l'étuvée sans trop les cuire et les incorporer au mijoté 5 à 8 minutes avant de servir. Accompagner le plat d'un bol de crème sure ou de crème liquide additionnée de jus de citron. Vous pouvez servir une purée de pommes de terre à laquelle vous ajouterez du fromage à la crème ou des nouilles aux œufs.

Ragoût irlandais 6 à 8 portions

Temps de préparation : 15 minutes • Temps de cuisson : 1 h 30

Ingrédients
1,5 kg (3 lb) d'épaule d'agneau
1 botte de carottes
4 oignons jaunes
1 petit bouquet de persil frais
1 brin de thym
15 ml (1 c. à soupe) de sel
1 ml (¼ c. à thé) de poivre noir moulu
750 ml à 1 l (3 à 4 tasses) d'eau froide

Accompagnements au service
6 à 7 pommes de terre
500 ml (2 tasses) de haricots verts surgelés (facultatif)

Recette
Couper la viande en cubes et les carottes en morceaux (ou si elles sont petites les laisser entières) et les oignons en tranches épaisses. Déposer dans un chaudron une couche d'oignons. Ajouter la viande et une autre couche d'oignons suivis des carottes et couvrir d'eau froide. Assaisonner et ajouter le persil et le thym. Porter à ébullition, réduire ensuite la chaleur au minimum. Couvrir. Mijoter environ 1 ½ heure ou jusqu'à ce que la viande soit tendre. Refroidir.

Congélation : refroidir complètement. Congeler dans un contenant rigide ou en portions dans des sacs de congélation.

Décongélation : dans l'emballage au réfrigérateur ou au micro-ondes.

Servir : incorporant les pommes de terre coupées en tranches de 1,25 cm — ½ po d'épaisseur et les haricots verts surgelés ou frais au moment de réchauffer le ragoût sur la cuisinière. Augmenter la chaleur et porter à ébullition. Réduire la chaleur au minimum et mijoter à couvert 20 minutes ou jusqu'à ce que les pommes de terre et les haricots soient cuits. Ajouter de l'eau au besoin. Goûter et rectifier l'assaisonnement.

Au micro-ondes : il est préférable alors de cuire les pommes de terre séparément (ou à la vapeur) et de les incorporer au ragoût à réchauffer.

Notes : ce ragoût peut se cuire à la mijoteuse toute la journée.

Petit pain d'agneau à la menthe 6 portions

Temps de préparation : 15 minutes • Temps de cuisson : 1 heure

Ingrédients

500 g (env. 1 lb) d'agneau haché
4 oignons verts
20 feuilles de menthe
1 petite courgette
75 ml (⅓ tasse) de chapelure assaisonnée
1 œuf battu
45 ml (3 c. à soupe) de crème sure
1 ml (¼ c. à thé) d'origan séché
2,5 ml (½ c. à thé) de sel de mer
1 ml (¼ c. à thé) de poivre noir moulu

Garnitures

2 sacs (400 g – 14 oz) d'épinards frais (ou surgelés) hachés
Ou 250 ml (1 tasse) de maïs surgelé

Recette

Préchauffer le four à 190 ºC (375 ºF). Hacher finement les oignons verts, la menthe et la courgette au robot ou à la main. Dans un bol, y mélanger à la fourchette ou avec les doigts tous les ingrédients sauf les garnitures. Déposer la moitié de la préparation dans un (ou 2 petits) moule à pain allant au four. Ajouter le maïs surgelé ou les épinards hachés. Couvrir du reste du mélange de viande. Cuire 1 heure (plus ou moins selon la grosseur du moule). Refroidir.

Congélation : refroidir complètement. Emballer en portions individuelles si désiré.

Décongélation: dans l'emballage au réfrigérateur ou au micro-ondes.

Servir : préchauffer le four à 190 ºC (375 ºF). Réchauffer 20 à 30 minutes ou au micro-ondes.

Accompagner d'une purée de légumes racines (carottes, rutabagas, pommes de terre) ou de légumes vapeur.

Pain de viande à l'orientale 8 portions

Temps de préparation : 10 minutes • Temps de cuisson : 45 minutes

Ingrédients

500 g (1lb) de bœuf haché maigre
1 petit oignon haché finement
2 gousses d'ail dégermées hachées finement
250 ml (1 tasse) de riz brun cuit
250 ml (1 tasse) de champignons shiitake séchés
125 ml (½ tasse) d'arachides hachées (facultatif)
10 ml (2 c. à thé) comble de gingembre frais haché finement
2,5 ml (½ c. à thé) de poivre de Sichuan
30 ml (2 c. à soupe) de sauce soja légère (réduite en sel)
75 ml (⅓ tasse) de vin chinois à cuisson (ou de vin blanc ou de saké)
1 œuf battu

Recette

Préchauffer le four à 180 ºC (350 ºF). Hacher les champignons grossièrement et les tremper 10 minutes dans l'eau tiède. Dans un bol, mélanger tous les ingrédients. Déposer le mélange dans un moule à pain. Enfourner et cuire 45 minutes. Servir chaud ou froid.

Congélation : refroidir complètement. Congeler en tranches si désiré.

Décongélation : la veille, dans l'emballage au réfrigérateur ou au micro-ondes.

Servir : réchauffer le plat 20 minutes au four préchauffé à 200 ºC (400 ºF) ou au micro-ondes environ 2 minutes par portion.

Note : doubler la recette pour faire des provisions.

Variation : ajouter au mélange de l'anis étoilé broyé (env. 1 ml - ¼ c. à thé en poudre) au lieu du poivre de Sichuan.

Burger au cheddar et aux oignons 4 à 6 portions

Temps de préparation : 15 minutes • Temps de cuisson : 15 minutes

Ingrédients
500 g (env. 1 lb) de viande hachée maigre
10 ml (2 c. à thé) de sauce Worcestershire
1 petit oignon jaune haché finement
15 ml (1 c. à soupe) de beurre (ou d'huile)
125 ml (½ tasse) de cheddar (en dés ou râpé)
Pincée de piment chili Chipotle ou cumin (facultatif)

Accompagnement
Petits pains kaiser, tomates et laitue
Frites ou pommes de terre au four

Recette
Faire revenir les oignons hachés finement dans un peu de beurre ou d'huile végétale jusqu'à ce qu'ils soient transparents. Les mélanger à la viande hachée avec la sauce Worcestershire et saupoudrer d'épices. Mouler chaque galette et creuser un trou pour y déposer le fromage en dés ou râpé. Refermer et ajouter de la viande si nécessaire pour bien recouvrir le fromage. Cuire à point ou congeler cru si la viande utilisée est très fraîche et n'a pas déjà été congelée. Refroidir.

Congélation : les burgers se congèlent crus en portions individuelles en séparant les galettes d'une double feuille de papier ciré, puis enveloppés dans des sacs de congélation. Cuits, une fois complètement refroidis, ils s'emballeront de la même façon.

Décongélation : dans l'emballage au réfrigérateur ou au micro-ondes.

Servir : les burgers se réchauffent au micro-ondes, à la poêle ou encore au four à température moyenne (180 ºC-350 ºF) ou sur le gril du barbecue . Servir dans des petits pains Kaiser avec des garnitures fraîches (laitue, tomates) au choix et des condiments ou accompagnés de frites ou d'une pomme de terre au four en garnissant les assiettes de crudités.

Conseils : pour une cuisson parfaite, la température interne atteinte doit être : saignant: 63 ºC (145 ºF); à point: 71 ºC (160 ºF); bien cuit 77 ºC (170 ºF).

Terrine de lapin aux pruneaux 15 portions

Temps de préparation : 20 minutes • Temps de cuisson : 1 h 45

Ingrédients

100 g (3,5 oz) de lard
150 g (5,3 oz) de longe de porc
100 g (3,5 oz) de chair de lapin
250 ml (1 tasse) de pruneaux dénoyautés
125 ml (½ tasse) de vin blanc (Riesling)
30 ml (2 c. à soupe) de Cognac (ou de porto)
1 échalote française moyenne
125 ml (½ tasse) de persil haché
1 gousse d'ail dégermée écrasée
1 feuille de laurier
Une pincée de 4 épices

Nappage optionnel

1 enveloppe (7 g) de gélatine
sans saveur
15 ml (1 c. à soupe) de persil séché
310 ml (1 ¼ tasse) de bouillon

Recette

Faire tremper les pruneaux dans le vin quelques heures. Égoutter en conservant le vin. Désosser le lapin (ou demander à votre boucher de le faire). Faire bouillir les os et les abats dans 375 ml (1 ½ tasse) d'eau filtrée avec la feuille de laurier et une pincée de sel de mer et de poivre moulu. Ajouter le vin de trempage des pruneaux. Tiédir et filtrer et réserver au froid. Préchauffer le four à 180 ºC (350 ºF). Enlever et jeter la couenne de lard. Hacher finement au robot (ou au couteau) avec les chairs de porc et de lapin, sans les réduire en purée. Déposer dans un bol. Hacher l'échalote, les herbes et les incorporer à la viande. Ajouter les épices et le cognac. Mélanger. Huiler 1 terrine ou 3 petites barquettes en aluminium (14 cm x 11cm — 5,5 po x 4,5po). Répartir la moitié du mélange en pressant. Déposer les pruneaux en deux rangées. Ajouter l'autre moitié du mélange et presser. Déposer la terrine dans une lèchefrite remplie d'eau chaude. Refroidir. Couler la gélatine diluée, si désiré une fois la terrine refroidie. Refroidir à nouveau 12 heures au réfrigérateur avant de congeler.

Couverture de gélatine optionnelle : Saupoudrer la gélatine (1 enveloppe 7 g) sur 60 ml (¼ de tasse) d'eau froide. Ajouter le bouillon réservé ou du bouillon de légumes, de bœuf ou de poulet. Mélanger et ajouter le persil. Réserver sans faire prendre. Répartir sur les terrines sur le dessus et les côtés.

Congélation : refroidir complètement au moins 1 journée au réfrigérateur. Démouler et trancher en portions si désiré. Emballer dans une pellicule plastique et une feuille d'aluminium. Enveloppez-les portions dans un sac à congélation.

Décongélation : la veille, dans l'emballage au réfrigérateur ou au micro-ondes en prenant soin de ne pas le cuire.

Servir : chambrer 15 à 30 minutes avant de servir en canapés, sandwichs, avec une petite mayonnaise relevée à la moutarde, accompagnée de quartiers de pomme, de poire ou d'un choix de crudités.

Tourtière québécoise 2 tourtières de 23 cm (9 po)

Temps de préparation : 40 minutes • Temps de cuisson : 45 minutes

Ingrédients

1 recette de pâte à tarte (4 abaisses non cuites)*
1 kg (2,2 lb) de porc, bœuf et veau mélangés
2 petits oignons hachés finement
2 petites gousses d'ail dégermées hachées
2,5 ml (½ c. à thé) de sel de céleri
2,5 ml (½ c. à thé) de clou de girofle moulu
2,5 ml (½ c. à thé) de sauge séchée (ou de sarriette)
45 ml (3 c. à soupe) de persil haché
30-45 ml (2 à 3 c. à soupe) de chapelure fine
Poivre noir moulu
Pincée de sel mer

*Pâte à tarte

Voir Recettes de base à la page 211

Recette

Abaisser les croûtes. Réserver au réfrigérateur sur des feuilles de papier ciré.
Faire cuire tous les ingrédients sauf la chapelure à feu moyen. Défaire la viande avec une fourchette. Dégraisser si nécessaire. Rectifier l'assaisonnement. Préchauffer le four à 230 ºC (450 ºF). Déposer les abaisses dans des moules à tourtière. Remplir les abaisses. Déposer la croûte du dessus. Appuyer sur le bord. Couper le surplus au couteau. Utiliser une fourchette pour bien fermer les 2 épaisseurs ou faire une bordure de fantaisie avec vos doigts. Badigeonner de blanc d'œuf battu. Enfourner 15 minutes à 230 ºC (450 ºF); réduire à 180 ºC (350 ºF) et poursuivre la cuisson 30 minutes ou jusqu'à ce que la croûte soit bien dorée. Refroidir.

Congélation : refroidir complètement. Diviser en portions si désiré.

Décongélation : la veille, au réfrigérateur ou au micro-ondes.

Servir : réchauffer au four préchauffé à 190 ºC (375 ºF) pendant environ 15 minutes. Éviter le micro-ondes.

Conseils : si vous employez des graines de céleri au lieu du sel de céleri, ajoutez alors 2,5 ml - ½ c. à thé de sel.

Bœuf braisé aux légumes d'hiver

6 portions

Temps de préparation : 15 minutes ● Temps de cuisson : 2 h 30

Ingrédients

1 kg (2,2 lb) de bœuf de palette désossé
5 ml (1 c. à thé) de romarin séché
15 ml (1 c. à soupe) de moutarde de Dijon
250 ml (1 tasse) de vin rouge
500 ml (2 tasses) de bouillon de bœuf
1 sac (284 g-10 oz) de petits oignons rouges (perlés)
500 ml (2 tasses) de haricots verts surgelés

Légumes d'accompagnement

Pommes de terre en purée (5 à 6 pommes de terre)

Recette

Fariner la pièce de viande des 2 côtés. Chauffer un faitout. Verser l'huile et faire revenir la viande rapidement. Ajouter le bouillon, les légumes et le vin (ou l'équivalent en bouillon ou eau), sauf les haricots surgelés. Porter à ébullition puis réduire à feu doux. Mijoter 2 à 3 heures le couvercle entrouvert. Ajouter les haricots verts si désiré 15 minutes avant la fin de la cuisson en refermant le couvercle. Refroidir.

Congélation : refroidir complètement. Diviser en portions si désiré en taillant le morceau de bœuf.

Décongélation : la veille, dans l'emballage au réfrigérateur ou au micro-ondes.

Servir : réchauffer sur la cuisinière ou au micro-ondes. Accompagner de pommes de terre en morceaux cuites à la vapeur ou en purée.

Escalope de veau à la crème

4 portions

Temps de préparation : 10 minutes ● Temps de cuisson : 10 minutes

Ingrédients

250 g (8,8 oz) d'escalopes de veau
224 g (8 oz) de champignons de Paris
2 échalotes françaises hachées finement
125 ml (½ tasse) de vin blanc
125 ml (½ tasse) de bouillon de bœuf
(ou l'équivalent de fond de veau)
60 ml (¼ tasse) de beurre (ou moitié beurre et huile d'olive)
5 ml (1 c. à thé) de farine
250 ml (1 tasse de crème) 15 % à cuisson
Persil frais haché

Accompagnement

Nouilles plates aux œufs

Recette

Trancher les champignons en lamelles. Dans une poêle, faire revenir les échalotes et les champignons dans un peu de beurre (et l'huile) à feu moyen. Ajouter la farine en pluie. Verser le vin et le bouillon. Réserver et nettoyer la poêle. Saler et poivrer les escalopes et les poêler rapidement, environ 2 minutes dans du beurre (environ 2 c. à soupe). Verser la crème et faire frémir. Ajouter les champignons, les échalotes et le persil. Mijoter 2 minutes et rectifier l'assaisonnement. Refroidir.

Pâtes : Cuire les pâtes dans l'eau bouillante salée jusqu'à ce qu'elles soient al dente. Les rincer à l'eau froide. Refroidir.

Congélation : refroidir complètement. Congeler en portions pratiques les escalopes en sauce séparément.

Décongélation : dans l'emballage au réfrigérateur ou au micro-ondes.

Servir : réchauffer sur la cuisinière à feu moyen-doux en ajoutant un peu de crème ou de bouillon si nécessaire; plonger les pâtes dans l'eau bouillante ou réchauffer dans un petit peu d'eau au micro-ondes. Goûter et rectifier l'assaisonnement. Servir les escalopes en sauce sur un lit de pâtes ou encore accompagnées de légumes vapeur.

Poitrines de poulet farcies aux abricots, fromage et bacon ... 104

Pâté au poulet économique ... 106

Keftas de dinde aux noix de cajou ... 107

Poivrons farcis à la dinde ... 108

Dindon rôti et farce au quinoa ... 109

Dinde à la crème et aux raisins ... 110

Poulet style tandoori simplissime ... 110

Casseroles de pâtes et poulet en sauce à l'italienne ... 111

Poitrines de poulet farcies aux fraises et basilic ... 112

Poulet au vin blanc ... 113

Sandwich mexicain au poulet ... 114

Papillotes de poulet aux broccolis ... 115

Brochettes de poulet hulihuli (style hawaïen) ... 116

Escalopes de poulet en croûte d'amandes ... 117

Tajine de poulet aux pruneaux et amandes ... 118

Poulet rôti au paprika et légumes au four ... 119

Casserole de poulet exotique à la sauce coco ... 120

Plats de résistance à base de volaille
(poulet, dinde)

Poitrines de poulet farcies aux abricots, fromage et bacon **2 portions**

Temps de préparation : 15 minutes • Temps de cuisson : 15 à 20 minutes

Ingrédients
2 poitrines de poulet (env. 500 g - 1 lb)
2 tranches de bacon fumé
6 abricots séchés réhydratés
30 ml (2 c. à soupe) d'oignon

Sauce au sirop d'érable
250 ml (1 tasse) de bouillon de poulet biologique réduit en sel
2,5 ml (½ c. à thé) de pâte de tomates
60 ml (¼ tasse) de sirop d'érable
23 ml (1 ½ c. à soupe) de farine

Recette
Cuire le bacon et le hacher en petits morceaux. Conserver un peu de gras. Hacher l'oignon finement et le faire suer 5 minutes dans le gras de bacon. Couper les abricots réhydratés en petits dés. Les mélanger avec le bacon et les oignons. Aplatir les poitrines de poulet entre 2 feuilles de pellicule plastique. Répartir la farce au centre de chaque poitrine de poulet. Poivrer. Replier en formant un triangle (chausson). Retenir les 2 côtés à l'aide de cure-dent ou de brochettes de métal ou les ficeler. Vous pouvez les cuire ou les emballer crues. Refroidir.

Sauce
Mélanger la farine avec le sirop d'érable froid. Chauffer le bouillon. Ajouter la pâte de tomates. Remuer. Ajouter le mélange au sirop. Fouetter et cuire jusqu'à épaississement. Refroidir.

Congélation : congeler les portions sauce et poitrines séparément.

Décongélation : dans l'emballage au réfrigérateur ou au micro-ondes.

Servir : cuire au four préchauffé à 190 ºC (375 ºF) environ 20 minutes ou poêler à feu moyen-doux sur la cuisinière dans un peu d'huile d'olive ou de beurre. Réchauffer la sauce sur la cuisinière ou au micro-ondes. Napper les poitrines d'une cuillère de sauce si désiré. Accompagner la volaille d'une salade de tomates ou de carottes et rutabaga vapeur ou en purée.

Pâté au poulet économique 5 portions

Temps de préparation : 20 minutes • Temps de cuisson : 35 minutes

Ingrédients

375 ml (1 ½ tasse) de morceaux de poulet cuit
250 ml (1 tasse) de champignons tranchés
400 ml (1 ⅔ tasse) de macédoine surgelée
1 petit oignon haché
10 ml (2 c. à thé) de beurre ou (d'huile)
250 ml (1 tasse) de lait chaud
125 ml (½ tasse) de bouillon de poulet maison (ou l'équivalent biologique réduit en sel)
60 ml (¼ tasse) de farine
60 ml (¼ tasse) de beurre
Pincée de sel de mer
30 ml (2 c. à soupe) de persil frais haché
Herbe préférée : une pincée de
Sarriette, thym, estragon ou sauge séché
Poivre noir du moulin
1 croûte à tarte au choix *(2 abaisses)
1 jaune d'œuf battu
* Voir recette de base page 211.

Recette

Faire revenir les champignons à feu vif dans du beurre rapidement pour qu'ils rendent leur eau. Réserver. Attendrir à feu moyen-fort les oignons dans du beurre jusqu'à ce qu'ils soient translucides. Cuire la macédoine dans l'eau bouillante salée. Refroidir à l'eau froide. Préparer la sauce: faire fondre le beurre, ajouter la farine. Remuer. Verser les liquides en 3 ou 4 fois tout en fouettant. Verser dans un bol tous les ingrédients avec la sauce et mélanger. Rectifier l'assaisonnement. Déposer une abaisse dans l'assiette à tarte en pressant légèrement pour mouler l'intérieur. Faire une précuisson si désiré avant de garnir. Verser la garniture. Recouvrir de la deuxième abaisse en laissant dépasser de la pâte tout autour de l'assiette. Presser le bord avec les doigts ou en appuyant avec une fourchette. Couper le surplus de pâte. Badigeonner d'un jaune d'œuf. Cuire au four préchauffé à 220 ºC (425 ºF) 15 minutes et poursuivre la cuisson environ 20 minutes à 190 ºC (350 ºF). Congeler cru.

Congélation : refroidir complètement le pâté cuit. Congeler.

Décongélation : la veille, dans l'emballage au réfrigérateur. Éviter le micro-ondes.

Servir : réchauffer au four préchauffé à 190 ºC (375 ºF) 15 à 20 minutes ou cuire le pâté cru selon le temps cuisson conseillé dans la recette. Accompagner le pâté de betteraves marinées ou de ketchup ou de chutney maison et d'une salade verte.

Keftas de dinde aux noix de cajou 8 à 10 portions

Temps de préparation : 12 minutes • Temps de cuisson : 15 minutes

Ingrédients

500 g (env. 1 lb) de dinde hachée
75 ml (⅓ tasse) de noix de cajou hachées
1 œuf battu
1 petit oignon haché finement
90 ml (⅓ tasse + 2 c. à thé) de chapelure assaisonnée
10 ml (2 c. à thé) de jus
5 ml (1 c. à thé) de zeste de citron
5 ml (1 c. à thé) du mélange d'épices suivant composé d'une pincée chacun :
Coriandre, cumin, cari, gingembre, curcuma, cannelle
Pincée de : muscade, clou de girofle et chili
une pincée de sel de mer
poivre noir (au goût)
Huile d'olive

Sauce au concombre

250 ml (1 tasse) de yogourt nature
1 petite gousse d'ail hachée finement
1 petit concombre (env. 250 ml -1 tasse)
6-7 feuilles de menthe hachées
Sel et poivre noir moulu

Variation : former des petits burgers ou des boulettes. Remplacer les noix de cajou par des graines de citrouille ou des pistaches hachées.

Recette

Keftas : Tremper 8 à 10 brochettes de bois dans l'eau tiède 1 heure avant la cuisson. Préchauffer un gril intérieur (ou une poêle cannelée). Faire suer l'oignon dans un peu d'huile 4 minutes à feu doux. Mélanger tous les ingrédients dans un bol. Appuyer fermement le mélange sur les brochettes en forme de saucisses. Mélanger dans un petit bol : 1 ml - ¼ c. à thé du mélange d'épices à 30 ml - 2 c. à soupe d'huile d'olive. Badigeonner les keftas d'huile épicée. Cuire environ 6 à 7 minutes ou jusqu'à ce qu'ils soient bien dorés en les retournant avec des pinces. Badigeonner d'huile de temps à autre.

Sauce au concombre : Peler et épépiner le concombre puis le couper en dés fins. Mélanger tous les ingrédients dans un bol, assaisonner légèrement et macérer au réfrigérateur au moins 1 heure avant de servir.

Congélation: refroidir complètement. Diviser en portions et congeler séparément la sauce au concombre et les keftas.

Décongélation: dans l'emballage, la sauce 4 heures à l'avance au réfrigérateur; les keftas peuvent être décongelés au micro-ondes ou la veille au réfrigérateur.

Servir : réchauffer à feu moyen-doux sur une plaque chauffante ou au four ou bien au micro-ondes. Garnir des pains pitas de keftas accompagnés de la sauce au yogourt chambrée avec des feuilles de laitue, tranches de tomates ou sur un lit de riz ou un couscous aux légumes.

Poivrons farcis à la dinde **8 portions**

Temps de préparation : 15 minutes • Temps de cuisson : 30 minutes

Ingrédients

250 ml (1 tasse) de riz basmati brun
500 ml (2 tasses) de bouillon de poulet
250 ml (1 tasse) de dinde cuite en morceaux
4 gros poivrons de couleur
60 ml (¼ de tasse) de noix hachées (au choix)
Huile d'olive
1 gros oignon, haché
250 ml (1 tasse) de coulis de tomates
60 ml (¼ tasse) de raisins de Corinthe
30 ml (2 c. à soupe) de vin blanc chaud
60 ml (¼ tasse) de menthe hachée
1 ml (¼ c. à thé) de garam masala (ou mélange de 4 épices)

Recette

Gonfler les raisins dans le vin blanc tiède 1 heure (ou 20 secondes au micro-ondes). Verser le riz et le bouillon dans une casserole et porter à ébullition à feu moyen. Réduire le feu, bien couvrir et laisser cuire à feu doux pendant 12 à 15 min, jusqu'à ce que le riz soit tendre mais pas trop cuit. Réserver. Trancher les poivrons en 2 et les nettoyer. Blanchir pendant 2 min, refroidir dans l'eau glacée, égoutter et assécher avec un essuie-tout. Dans une poêle, faire griller les noix à sec à feu doux et réserver. Faire dorer l'oignon dans un peu d'huile. Ajouter la menthe hachée et le coulis de tomates. Saupoudrer de garam masala. Cuire 5 minutes. Ajouter le riz cuit et les noix grillés. Saler et poivrer légèrement. Refroidir.

Congélation : refroidir complètement. Disposer les poivrons et la farce à part dans des sacs de congélation ou, si désiré, les farcir sans trop tasser. Diviser en portions.

Décongélation : dans l'emballage au réfrigérateur.

Servir : préchauffer le four à 180 ºC (350 ºF). Disposer les poivrons dans un plat à four en les serrant les uns contre les autres. Répartir la farce à l'intérieur des poivrons. Verser un peu d'eau bouillante ou de bouillon au fond du plat et badigeonner les poivrons d'huile d'olive. Cuire au four pendant 30 minutes ou jusqu'à ce que les poivrons soient bien tendres en perçant facilement à la pointe d'un couteau. Goûter et rectifier l'assaisonnement. Servir chaud ou froid. Réchauffer au micro-ondes une fois cuits.

Dindon rôti et farce au quinoa 10 portions

Temps de préparation : 20 minutes • Temps de cuisson : 3 heures

Ingrédients

1 dindon ou une dinde d'environ 4 kg (10 lb), surgelé
1 citron tranché (ou confit)
1 noix de muscade
Huile d'olive ou beurre mou
Sel et poivre noir moulu

Farce au quinoa

2 clémentines hachées
2,5 ml (½ c. à thé) de sauge séchée
1 ml (¼ c. à thé) de poivre noir moulu
1 oignon jaune haché finement
1 branche de céleri hachée finement
750 ml (3 tasses) de quinoa cuit
60 ml (¼ tasse) de vermouth ou de vin blanc

Sauce à l'oignon crémeuse

1 tranche d'oignon doux
500 ml (2 tasses) de bouillon de dinde
250 ml (2 tasses) de lait mi-écrémé
60 ml (¼ tasse) de farine
15 ml (1 c. à soupe) de beurre
Pincée de sarriette
60 ml (¼ tasse) de vin blanc (facultatif)
Sel de mer
poivre blanc moulu au goût
Doubler les quantités selon vos besoins

Recette

Dinde et farce : Décongeler la volaille emballée 3 jours à l'avance au réfrigérateur. Préchauffer le four à 180 ºC (350 ºF). Rincer la volaille. Couper le citron en deux et frotter l'intérieur et l'extérieur. Compléter avec la noix de muscade préalablement coupée. Déposer le dindon dans une rôtissoire. Dans un bol, mélanger les ingrédients de la farce; la déposer à la cuillère à l'intérieur de la volaille. Badigeonner l'extérieur d'huile d'olive ou de beurre. Fermer l'orifice de la volaille avec une feuille de papier d'aluminium ou coudre avec de la ficelle. Cuire au four préchauffé 18 à 25 minutes par 500 g (1 lb) soit environ 3 heures. La viande est à point quand elle n'est plus rosée à l'intérieur. Laisser reposer dans un endroit chaud (four éteint et porte ouverte) 20 minutes avant de servir.

Sauce : Griller la farine légèrement dans une poêle si désiré. Verser le bouillon dans un bocal avec un couvercle. Ajouter la farine, fermer et brasser énergiquement. Verser dans une casserole avec l'oignon, le beurre, le sel et la sarriette. Ajouter le lait froid. Cuire à feu moyen en remuant avec un fouet jusqu'à épaississement. Verser le vin, si désiré, en remuant. Enlever l'oignon. Goûter et rectifier l'assaisonnement. Servir la dinde tranchée nappée de sauce et accompagnée de farce et d'autre légumes d'accompagnement au choix.

Congélation : refroidir complètement. Désosser et couper en portions. Conserver la carcasse pour faire un bouillon qui peut être congelé avec la volaille. Congeler les os, la farce et la volaille séparément. La sauce peut se congeler seule ou avec la volaille.

Décongélation : dans l'emballage la sauce, la farce et la volaille au réfrigérateur.

Servir : réchauffer la sauce de préférence à feu doux dans une casserole ou au micro-ondes. La fouetter et ajouter un peu de lait si nécessaire. Rectifier l'assaisonnement. Réchauffer la volaille tranchée dans la sauce, dans un fond de bouillon réduit en sel ou maison, au four ou au micro-ondes. Faire de même avec la farce. Servir avec une purée de légumes au choix, une salade ou un légume vert vapeur (petits pois, brocolis, épinards).

Dinde à la crème et aux raisins
4 portions

Temps de préparation : 10 minutes • Temps de cuisson : 15 minutes

Ingrédients
800 g (env.1 ½ lb) de dinde en cubes
15 ml (1 c. à soupe) de graisse de canard (ou d'huile d'olive)
125 ml (½ tasse) de raisins dorés
1 échalote française hachée finement
1 petit brin de romarin
1 ml (¼ c. à thé) de moutarde sèche
125 ml (½ tasse) de bouillon de poulet réduit en sel
60 ml (¼ de tasse) de vin blanc sec
125 ml (½ tasse) de crème à cuisson 15 %
Poivre blanc moulu

Recette
Tremper les raisins secs dans le bouillon chaud. Faire suer l'échalote dans la graisse de canard à feu moyen-doux environ 5 minutes en remuant. Ajouter les morceaux de dinde et le romarin et les sauter 5 minutes. Verser le vin et réduire de moitié. Ajouter le bouillon et les raisins. Porter à ébullition. Ajouter la crème et saupoudrer la moutarde. Réduire le feu et mijoter 3 à 4 minutes jusqu'à épaississement. Jeter le romarin. Poivrer très légèrement.

Congélation : refroidir complètement. Diviser en portions pratiques. Congeler.

Décongélation : la veille, dans l'emballage au réfrigérateur ou au micro-ondes.

Servir : réchauffer à feu moyen-doux dans une casserole ou au micro-ondes. Rectifier l'assaisonnement. Au besoin, ajouter un peu de crème.

Poulet style tandoori simplissime
4 portions

Temps de préparation : 15 minutes • Temps de marinade : 12 à 24 heures • Temps de cuisson : 30 minutes

Ingrédients
4 poitrines de poulet désossées
250 ml (1 tasse) de yogourt nature
2 gousses d'ail dégermées hachées
Mélange d'épices en poudre suivant :
5 ml (1 c. à thé) chacun de coriandre, cumin et gingembre
2,5 ml (½ c. à thé) chacun de paprika et poivre noir
1 ml (¼ c. à thé) chacun de cannelle, curcuma, clou et muscade
½ citron en quartiers
Pincée de sel de mer

Garnitures
Menthe, coriandre fraîche
Rondelles de tomates
Huile d'olive ou beurre clarifié

Recette
Mélanger toutes les épices. Verser le yogourt dans un plat allant au four. Y mélanger l'ail écrasé et les épices. Couper les poitrines peau enlevée, en 4 et pratiquer des entailles pour mieux faire pénétrer le yogourt. Frotter la chair avec les quartiers de citron (facultatif). Déposer la volaille dans le yogourt épicé. Bien enrober les morceaux. Recouvrir d'une pellicule plastique. Mariner 12 à 24 heures au réfrigérateur. Après ce temps, déposer le plat dans un four préchauffé à 190 ºC (375 ºF). Cuire environ 60 minutes (variable selon l'épaisseur) Refroidir. Congeler cru si le poulet était frais.

Congélation : refroidir complètement. Diviser en portions. Congeler.

Décongélation : dans l'emballage au réfrigérateur ou au micro-ondes.

Servir : cuire au four préchauffé à 200 ºC (400ºF) environ 15 minutes ou au micro-ondes.

Le jus qui s'écoule de la chair piquée à la fourchette sera clair. Passer sous le gril du four en surveillant pour des morceaux dorés et croustillants. Servir avec un riz basmati, des petits pois ou des épinards au beurre et garnir d'herbes fraîches et de tomates.

Casseroles de pâtes et poulet en sauce à l'italienne

6 portions

Temps de préparation : 20 minutes ● Temps de cuisson : 1 h 15

Ingrédients

4 cuisses de poulet
1 boîte (796 ml - 28 oz) de tomates entières
½ boîte (156 ml - 5 oz) de pâte de tomates
125 ml (½ tasse) d'eau
60 ml (¼ tasse) de vin blanc ou rouge
1 gousse d'ail dégermée hachée
5 ml (1 c. à thé) de sucre
1 brin de basilic ou
5 ml (1 c. à thé) de basilic séché
1 feuille de laurier
Sel de mer iodé
125 ml (½ tasse) d'olive noires hachées (facultatif)

Accompagnement

375 g (4 tasses) de penne
(ou autres pâtes au choix)
125 ml (½ tasse) de romano râpé
500 ml (2 tasses) de mozzarella
râpée (facultatif)

Recette

Dans un grand faitout, faire dorer les cuisses de poulet dans l'huile d'olive. Ajouter tous les ingrédients (sauf les pâtes et le fromage). Mijoter à feu doux environ 1 heure avec le couvercle légèrement entrouvert. Ajouter un peu d'eau si nécessaire. Rectifier l'assaisonnement. Retirer le poulet de la sauce quand la viande n'est plus rosée à l'intérieur. Refroidir. Dépecer la viande. Cuire les pâtes al dente et égoutter. Incorporer le romano à la sauce. Déposer un rang de pâte dans un plat de cuisson. Ajouter le poulet et verser la moitié de la sauce. Alterner ainsi pour une deuxième couche. Ajouter la mozzarella si désiré.

Congélation : refroidir complètement. La sauce au poulet peut se congeler à part en portions.

Décongélation : dans l'emballage au réfrigérateur ou au micro-ondes.

Servir : réchauffer la sauce seule à feu moyen-doux dans une casserole ou au micro-ondes. Réchauffer le plat environ 20 minutes au four préchauffé à 200 °C (400 °F). Gratiner quelques minutes sous le gril si désiré. Accompagner d'une salade vinaigrée.

Poitrines de poulet farcies aux fraises et basilic

4 portions

Temps de préparation : 20 minutes • Temps de cuisson : 20 minutes

Ingrédients
4 poitrines de poulet

Farce
8 fraises en dés
8 feuilles de basilic hachées
1 petite échalote française hachée finement

Sauce aux fraises
15 ml (1 c. à soupe) de graisse de canard
(ou de l'huile d'olive ou du beurre)
1 échalote française hachée
8 à 10 feuilles de basilic
4 fraises tranchées
250 ml (1 tasse) de bouillon de poulet biologique
60 ml (¼ tasse) de vin de madère (ou de porto)
125 ml (½ tasse) de crème à cuisson 15 %
Poivre noir du moulin
Sel de mer iodé

Recette
Poitrine et farce
Tailler les poitrines sur la largeur en laissant environ 2,5 cm (1 po) pour retenir la farce. Trancher la moitié des fraises en dés et ciseler le basilic. Mélanger avec un peu d'échalote hachée finement. Farcir les poitrines et les ficeler ou les tenir fermées à l'aide de cure-dents. Les griller ou les poêler environ 8 à 10 minutes de chaque côté. Refroidir.

Sauce aux fraises
Trancher les fraises et ciseler le basilic. Réserver. Utiliser la même poêle qui a servi à cuire les poitrines de poulet. Faire dorer dans la graisse de canard (ou de l'huile) l'échalote hachée finement. Verser le bouillon, la crème et le vin et le basilic ciselée. Déglacer et laisser réduire un peu. Ajouter les fraises et cuire 2 minutes. Poivrer légèrement. Refroidir.

Congélation : congeler la sauce et les poitrines farcies séparément dans un contenant solide ou dans des sacs de congélation.

Décongélation : dans l'emballage au réfrigérateur ou au micro-ondes.

Servir : chauffer la sauce aux fraises sur la cuisinière ou au micro-ondes. Réchauffer et terminer la cuisson des poitrines dans la sauce chaude si désiré ou servir séparément en poêlant de chaque côté les poitrines farcies quelques minutes ou encore utiliser le gril du barbecue. Servir avec une salade d'accompagnement citronnée.

Poulet au vin blanc 6 portions

Temps de préparation : 30 minutes • Temps de cuisson : 1 heure

Ingrédients

1 poulet (1,5 kg- 3 lb) coupé en morceaux
8 tranches de pancetta
2 rondelles d'oignon
15 ml (1 c. à soupe) de farine
30 ml (2 c. à soupe) de basilic ciselé
250 ml (1 tasse) de vin blanc (riesling)
250 ml (1 tasse) de bouillon de poulet réduit en sel
227 g (8 oz) de champignons (au choix)
10 ml (2 c. à thé) de jus de citron
30 ml (2 c. à soupe) de beurre
15 ml (1 c. à soupe) de farine
Sel et poivre moulu
250 ml (1 tasse) de crème de cuisson 15 %

Garnitures

Pâtes aux œufs
Beurre mi-salé
Feuilles de basilic

Recette

Faire dorer la pancetta dans un faitout. Ajouter les morceaux de poulet et les saisir de chaque côté. Réserver le poulet dans une assiette et le saupoudrer de farine. Dégraisser le faitout si nécessaire. Conserver la pancetta dans la poêle. Dorer l'oignon. Cuire 5 minutes. Remettre le poulet pour le dorer un peu plus. Verser le bouillon et le vin. Augmenter le feu à moyen-élevé. Ne pas porter à ébullition mais faire frémir. Réduire le feu et mijoter 30 à 40 minutes environ à mi-couvert. Ajouter du bouillon ou de l'eau si nécessaire. Retirer le poulet de la casserole. Ajouter les champignons tranchés et arrosés de jus de citron. Les sauter dans le beurre environ 5 minutes. Racler le fond. Ajouter la farine en pluie. Mélanger. Verser la crème tiédie (réchauffée au micro-ondes). Ajouter le basilic et cuire encore à feu doux quelques minutes. Saler et poivrer légèrement. Refroidir.

Congélation : refroidir complètement. Congeler la sauce et le poulet séparément dans un sac à congélation ou des plats d'aluminium en portions.

Décongélation : dans l'emballage la veille au réfrigérateur.

Servir : réchauffer le poulet dans la sauce si désiré sur la cuisinière ou au micro-ondes en ajoutant du bouillon ou de la crème si nécessaire; ou chauffer à part et servir la sauce sur le poulet. Cuire les pâtes al dente, bien les égoutter et les enrober de beurre. Déposer les morceaux de poulet sur les pâtes. Garnir de feuilles de basilic. Accompagner d'une salade.

Variation : Remplacer le vin par la bière blonde.

Sandwich mexicain au poulet 8 portions

Temps de préparation : 30 minutes • Temps de cuisson : 45 minutes

Ingrédients

1 poitrine de poulet moyenne
500 ml (2 tasses) de haricots noirs cuits
1 poivron vert haché finement
1 petit oignon rouge haché finement
15 ml (1 c. à soupe) de ketchup
60 ml (¼ tasse) d'eau filtrée
Huile d'olive
Une pincée de piment Ancho en poudre
1 ml (¼ c. à thé) de piment Chipotle en poudre
Sel de mer
560 g-700 g (4 à 5 tasses) de cheddar râpé
2,5 ml (½ c. à thé) de sel de mer
Poivre noir moulu
8 pains tortilla (20-25 cm - 8-10 po)

Recette

Cuire la poitrine de poulet avec un oignon et une feuille de laurier dans une casserole remplie d'eau bouillante, à feu moyen-doux 45 minutes à 1 heure. La viande est à point quand elle n'est plus rosée à l'intérieur. Conserver le bouillon pour une autre utilisation. Hacher la chair cuite et la refroidir dans un bol. Ajouter un peu de fromage. Réserver. Faire dorer les oignons et les poivrons rapidement dans un peu d'huile chaude. Ajouter le ketchup, l'eau, les épices et les haricots. Mélanger au poulet. Réduire en purée plus ou moins lisse les haricots. Goûter et saler au goût. Étaler le mélange de haricot sur la moitié du pain (en demi-cercle). Étaler le mélange de poulet et saupoudrer du reste du fromage restant par-dessus. Replier la moitié non garnie. Griller à la poêle de chaque côté pour faire fondre le fromage si désiré ou congeler non grillé.

Congélation : ne pas trancher en portions. Congeler les tortillas enveloppées séparément, ou séparées d'une feuille de papier cirée ou parchemin et conservées dans un sac de congélation.

Décongélation : dans l'emballage au réfrigérateur ou au micro-ondes.

Servir : ajouter de minces rondelles de tomates si désiré. Griller dans une poêle légèrement huilée ou sur le gril à panini. Réchauffer de la même manière à feu doux les sandwichs déjà grillés; le micro-ondes convient dans les 2 cas. Servir chaud en tranchant les sandwichs en leur centre.

Papillotes de poulet aux brocolis 6 portions

Temps de préparation : 20 minutes • Temps de cuisson : 45 minutes

Ingrédients

3 grosses poitrines de poulet
45 ml (3 c. à soupe) d'huile d'olive ou de beurre
Huile de sésame grillée
250 g (8 oz) de champignons shiitake ou de Paris
750 g (3 tasses) de fleurons de brocolis
2 gousses d'ail dégermées (facultatif)
45 ml (3 c. à soupe) de vin blanc sec (saké ou vin chinois)
Sauce tamari légère
Huile d'olive extravierge

Recette

Fendre au milieu les poitrines de poulet. Les aplatir avec un rouleau à pâte entre 2 feuilles de pellicule plastique ou de papier ciré. Les poêler 6 à 7 minutes de chaque côté dans le beurre fondu et quelques gouttes d'huile de sésame grillé. Refroidir. Blanchir les champignons et les fleurons de brocoli, les refroidir rapidement et les émincer de même que l'ail dégermé. Tailler 6 feuilles de papier d'aluminium ou parchemin (environ 30 cm^2 -12 po^2). Déposer les légumes sur chaque feuille. Arroser d'un peu de sauce tamari et d'un filet d'huile. Ajouter de l'ail au goût. Déposer le poulet sur les légumes. Verser un peu de vin blanc (2,5 ml - ½ c. à thé par portion) si désiré. Saler et poivrer légèrement. Fermer les papillotes en paquets serrés très près des ingrédients.

Congélation : enveloppez les papillotes dans un sac de congélation.

Décongélation : ne pas décongeler avant la cuisson.

Servir : préchauffer le four à 190 ºC (375 ºF). Cuire les papillottes congelées directement sur une plaque de cuisson environ 40 à 45 minutes. Disposer les papillotes non ouvertes dans les assiettes de service. Accompagner d'un petit bol de vermicelles de riz ou de riz vapeur ou d'une salade verte mélangée à des légumineuses (lentilles, pois chiches).

Brochettes de poulet hulihuli (style hawaïen) 4 portions

Temps de préparation : 20 minutes • Temps de marinade : 24 heures • Temps de cuisson : 10 à 12 minutes

Ingrédients
4 poitrines de poulet (env. 150 g chacune)

Sauce hulihuli
1 gousse d'ail pressée

10 ml (2 c. à thé) de gingembre haché finement

Pincée de chili broyé (facultatif)

60 ml (¼ de tasse) de sucanat (ou cassonade)

60 ml (¼ tasse) de sauce soja légère

375 ml (1½ tasse) de jus d'ananas

125 ml (½ tasse) de ketchup biologique

15 ml (1 c. à soupe) de farine (au service)

Garniture
4 tranches d'ananas

6 oignons verts

Accompagnements
Pommes de terre au four ou sur le barbecue

Salade de tomates et avocat
310 g (1 chopine-10 oz) de tomates cerise

2 avocats en cubes

Jus de lime au goût

Huile de noisettes

Menthe ou coriandre ciselée

Recette

Poulet et sauce : Couper le poulet en cubes de 2,5 cm (1 po). Mélanger les ingrédients de la sauce. En verser la moitié sur la volaille. Couvrir le plat d'une pellicule plastique. Mariner 1 journée (12 heures minimum) en retournant les morceaux quelques fois. Conserver l'autre moitié dans un contenant.

Enfiler les morceaux de poulet sur des brochettes. Les griller sous le gril du four préalablement chauffé 5 à 6 minutes de chaque côté ou dans une poêle cannelée ou un gril à paninis ou sur le barbecue. Le jus qui s'écoule de la chair piquée à la fourchette sera clair. Refroidir.

Sauce pour badigeonner : Mélanger la farine à quelques cuillères de la sauce réservé pour obtenir une pâte. Chauffer le reste de sauce. Ajouter la farine diluée et cuire jusqu'à épaississement. Refroidir.

Pomme de terre au four : Cuire 1 heure à l'avance les pommes de terre au four dans du papier d'aluminium ou sur le barbecue en les retournant plusieurs fois.

Salade de tomates et d'avocat : Dans un bol, verser un peu de jus de lime sur les cubes d'avocat. Trancher les tomates en deux. Saler et poivrer au goût. Mélanger avec l'avocat et le jus de lime, coriandre ou menthe ciselée. Verser un filet d'huile et touiller délicatement. Conserver au réfrigérateur sous pellicule plastique jusqu'au moment de servir. Ne pas congeler.

Congélation : diviser le poulet en portions. Congeler la sauce et les brochettes marinées embrochées si désiré, à part. Elles peuvent être congelées cuites ou crues, en enlevant le plus d'air possible.

Décongélation : dans l'emballage au réfrigérateur ou au micro-ondes.

Servir : enfiler le poulet sur des brochettes de bois trempées en alternant avec des morceaux d'ananas et des tranches d'oignon. Cuire sur le gril du barbecue ou dans une poêle cannelée ou sur un gril panini environ 5 à 10 minutes (selon la grosseur et si elles ont été cuites ou non) en les retournant et en les badigeonnant de sauce. Les brochettes peuvent être cuites ou réchauffées aussi au micro-ondes. Accompagner de la salade fraîche aux tomates et avocat et d'une pomme de terre au four.

Escalopes de poulet en croûte d'amandes

2 à 4 portions

Temps de préparation : 20 minutes • Temps de marinade : 24 heures •
Temps de cuisson : 20 minutes

Ingrédients
2 poitrines de poulet moyennes

Marinade
Jus de citron
125 ml (½ tasse) de yogourt nature

Panure
125 ml (½ tasse) d'amandes broyées finement
5 ml (1 c. à thé) de thym frais
45 ml (3 c. à soupe) de persil frais
60 ml (¼ de tasse) de chapelure assaisonnée
Sel de mer
Huile d'olive extravierge

Salade de carottes
500 ml (2 tasses) de carottes
finement râpées
1 tranche d'oignon rouge hachée
finement
Mayonnaise
Moutarde
Crème ou lait
Pincée de poudre de cari
Poivre noir moulu

Recette

Poulet : Entailler les poitrines de poulet au centre. Les aplatir au rouleau à pâte entre 2 feuilles de pellicule plastique ou de papier ciré. Les déposer dans une assiette creuse. Mélanger le yogourt et le citron et badigeonner le poulet. Mariner quelques heures (ou toute la nuit — encore mieux !).

Le lendemain, mélanger les ingrédients de la panure. Paner les escalopes des deux côtés en pressant du bout des doigts.

Salade de carotte : La veille, mélanger tous les ingrédients dans un grand saladier. Rectifier l'assaisonnement. Ajouter plus ou moins de crème ou de lait, ainsi que de moutarde au goût. Assaisonner de poivre et d'une pincée de sel. Réserve au froid. Ne pas congeler.

Congélation : diviser le poulet en portions sans faire cuire.

Décongélation : dans l'emballage au réfrigérateur.

Servir : préchauffer le four à 230 ºC (450 ºF). Dorer les escalopes de poulet environ 10 à 15 minutes (selon l'épaisseur) sur une plaque de cuisson recouverte de papier parchemin légèrement huilé ou les poêler dans un peu d'huile d'olive à feu moyen doux environ 15 minutes. Accompagner de la salade aux carottes, de quinoa, riz basmati ou de semoule de blé (couscous).

Tajine de poulet aux pruneaux et amandes 6 portions

Temps de préparation : 20 minutes • Temps de cuisson : 1 heure

Ingrédients

1 poulet (1,5 kg – 3,3 lb) en morceaux
12 pruneaux dénoyautés
3 à 4 oignons jaunes moyens
6 carottes en rondelles
Le jus d'un citron
30 ml (2 c. à soupe) de miel
125 ml (½ tasse) de vin blanc
250 ml (1 tasse) d'eau
Huile d'olive
2,5 ml (½ c. à thé) chacun de cumin, cannelle, coriandre en poudre
Sel et poivre noir moulu
125 ml (½ tasse) d'amandes mondées
Coriandre ou menthe fraîche ciselée

Accompagnement

500 ml (2 tasses) de couscous fin
500 ml (2 tasses) de bouillon de poulet
30 ml (2 c. à soupe) d'huile d'olive

Recette

Tajine : Trancher l'oignon et les carottes en rondelles. Réserver. Broyer grossièrement les amandes et les dorer à sec. Réserver dans un sac de congélation ou un petit contenant hermétique.

Dans une cocotte allant au four, verser de l'huile et dorer le poulet sur toutes les faces en le retournant. Réserver. Ajouter les oignons dans la cocotte et les blondir environ 5 minutes. Déglacer avec un peu de vin blanc, de bouillon ou d'eau en grattant le fond. Verser le jus de citron. Ajouter les épices, les pruneaux et le miel. Remuer. Déposer les morceaux de poulet et les carottes. Poivrer légèrement. Mouiller avec 175 ml - ¾ tasse d'eau chaude. Mijoter mi-couvert environ 35 à 40 minutes. Refroidir et désosser le poulet si désiré.

Couscous : Verser le bouillon de poulet bouillant (ou de l'eau) sur la semoule. Laisser gonfler à couvert. Détacher la semoule à la fourchette et verser l'huile d'olive. Refroidir.

Congélation : refroidir complètement. Diviser en portions. Congeler séparément le couscous, la tajine et la garniture d'amandes grillées. Les herbes congelées ne seront plus aussi décoratives.

Décongélation : la tajine dans l'emballage au réfrigérateur ou au micro-ondes. Le couscous et les amandes peuvent être décongelés à température ambiante.

Servir : réchauffer à feu moyen-doux dans une casserole, au four ou au micro-ondes.

Poulet rôti au paprika et légumes au four

4 à 5 portions

Temps de préparation : 20 minutes • Temps de cuisson : 45 minutes

Ingrédients

1 poulet 1,5 à 2 kg (3 à 4 lb)
Paprika hongrois ou doux
4 carottes
1 petit rutabaga
3 branches de céleri
2 oignons rouges
1 tête d'ail
Huile végétale biologique
125 ml (½ tasse) d'eau
Bouquet garni : persil, feuille de laurier, thym

Pommes de terre au romarin

12 pommes de terre grelot
(ou plus)
Brin de romarin
Beurre ou huile d'olive
Fleur de sel et 3 poivres

Recette

Poulet : Peler et couper les légumes en morceaux et les oignons en rondelles épaisses. Trancher la base de la tête d'ail. Peler les gousses. Déposer le poulet dans une lèchefrite. Conserver les abats pour un autre usage (éviter de les congeler). Déposer dans l'orifice quelques morceaux d'oignon, des gousses d'ail, des feuilles de céleri et le bouquet garni. Disposer les légumes tout autour. Badigeonnez le poulet et les légumes d'huile végétale. Saupoudrez le poulet généreusement de paprika. Verser un fond d'eau. Cuire au four préchauffé à 190 °C (375 °F) environ 45 minutes (soit 18 à 20 minutes par 500 g- 1 lb). Refroidir.

Pommes de terre : Cuire les pommes de terre à la vapeur juste à point 15 minutes avant de servir le poulet. Les faire revenir au beurre et à l'huile d'olive dans une poêle avec le brin de romarin pour aromatiser. Saler et poivrer au goût. Servir.

Congélation : refroidir complètement. Congeler dans un sac de congélation ou des plats d'aluminium en portions ou entier avec les légumes.

Décongélation : dans l'emballage la veille au réfrigérateur.

Servir : réchauffer le poulet et les légumes rôtis au four enveloppés dans une feuille d'aluminium ou au micro-ondes.

119

Casserole de poulet exotique à la sauce coco 4 portions

Temps de préparation : 25 minutes • Temps de cuisson : 30 minutes

Ingrédients

1 l (4 tasses) de poulet cru en morceaux
2 oignons jaunes
2 branches de céleri
15 ml (1 c .à soupe) de beurre ou d'huile d'olive
2 gousses d'ail dégermées pressées
2 bâtons de cannelle (7,5 cm - 3 po)
2 feuilles de laurier
5 ml (1 c. à thé) de cari
15 ml (1 c. à soupe) de sucre
15 ml (1 c. à soupe) de farine
400 ml (1 boîte) de lait de coco nature
60 ml (¼ tasse) d'eau
500 ml (2 tasses) de mangue en cubes
Coriandre fraîche ciselée (+ au service)
250 ml (1 tasse) de copeaux de noix de coco grillés

Riz aux pois mange-tout et sésame

500 ml (2 tasses) de pois mange-tout
1 gousse d'ail hachée
1 l (4 tasses) de riz cuit (basmati, jasmin)
30 ml (2 c. à soupe) de graines de sésame grillées
Sauce tamari
2,5 ml (½ c. à thé) d'huile de sésame
Huile végétale biologique

Conseils : garnir de coriandre ou de menthe ciselée fraîche.

Recette

Casserole de poulet

Couper les oignons en rondelles fines et le céleri en biseaux. Les faire revenir à feu moyen doux 5 à 7 minutes à la poêle avec le beurre ou l'huile en remuant pour les attendrir. Ajouter les épices et le lait de coco, l'eau et l'ail. Porter à ébullition et réduire le feu. Mijoter 5 minutes. Ajouter le poulet et cuire 10 minutes à feu doux. Incorporer la mangue en fin de cuisson avec la coriandre. Refroidir.

Riz

Effiler les pois mange-tout. Les faire sauter quelques minutes dans les huiles chaudes. Ajouter l'ail et le riz. Remuer. Verser de la sauce tamari au goût et mélanger.

Congélation : refroidir complètement. Diviser le poulet à la mangue en portions et couvrir de sauce. Congeler séparément les copeaux de noix de coco.

Décongélation : dans l'emballage au réfrigérateur ou au micro-ondes.

Servir : préparer le riz. Réchauffer le mélange de poulet au coco à feu moyen-doux dans une casserole ou au micro-ondes. Accompagner de riz aux pois mange-tout ou d'un riz basmati vapeur. Servir en saupoudrant les graines de sésame sur le riz et parsemer le poulet en sauce de copeaux de noix de coco.

Casserole de faux-filet de porc à la polynésienne ... 124

Ragoût de boulettes de viande ... 126

Côtes de porc dorées au miel à la chinoise ... 127

Fettucinis aux boulettes de viande ... 128

Filet de porc farci aux canneberges et aux pacanes ... 129

Mijoté de porc à la méditerranéenne ... 130

Aubergines farcies aux saucisses italiennes ... 131

Lasagne à la courge poivrée ... 132

Casserole de rotinis au porc ... 133

Roulades de lasagne au capiccolo sauce béchamel ... 134

Crêpes ficelles farcies au jambon à la française ... 135

Plats de résistance à base de porc

Casserole de faux-filet de porc à la polynésienne

4 portions

Temps de préparation : 10 minutes • Temps de cuisson : 15 minutes

Ingrédients

500 g (8 oz-½ lb) de faux-filet de porc désossé
30 ml (2 c. à soupe) de farine tout usage
2,5 ml (½ c. à thé) de moutarde sèche
Huile d'olive
Mélange d'épices
1 ml (¼ c. à thé) de cardamome fraîche moulue
5 ml (1 c. à thé) de menthe séchée
2 pincées de sel et de poivre noir moulu
4 tranches d'ananas frais (ou l'équivalent en boîte)
15 ml (1 c. à soupe) de miel (facultatif)
2 gousses d'ail dégermées hachées
250 ml (1 tasse) de bouillon de poulet réduit en sel
10 ml (2 c. à thé) de fécule de maïs
60 ml (¼ tasse) de lait de coco
Coriandre ou menthe ciselée

Accompagnement

Vermicelles de riz plats
Laitue chinoise, bok choy

Recette

Mélanger la farine, la moutarde sèche et 1 ml - ¼ de c. à thé du mélange d'épices. Couper les ananas en bouchées. Chauffer l'huile dans une poêle. Enfariner la viande et faire colorer rapidement des 2 côtés. Réserver. Nettoyer la poêle avec un essuie-tout au besoin. Ajouter la farine au bouillon. Chauffer dans la poêle les ananas, le miel, le lait de coco, une bonne pincée d'épices et l'ail. Verser le bouillon et fouetter. Remettre la viande et mijoter environ 10 minutes en retournant la viande 1 fois. Refroidir. Cuire les vermicelles al dente, les égoutter et les rincer sous l'eau froide.

Congélation : emballer la viande et la sauce ensemble en portions, si désiré. Emballer les vermicelles à part dans des sacs de congélation ou dans un contenant.

Décongélation : la veille, dans l'emballage au réfrigérateur ou au micro-ondes.

Servir : réchauffer sur la cuisinière à feu moyen-doux ou au micro-ondes. Ajouter un peu de lait de coco au goût ou de fécule si la sauce semble trop liquide. Réchauffer les vermicelles dans un bouillon de poulet ou dans l'eau bouillante. Égoutter. Garnir le plat avec de la coriandre ou de la menthe ciselée. Accompagner des légumes sautés.

Ragoût de boulettes de viande 18-20 boulettes

Temps de préparation : 15 minutes • Temps de cuisson : 20 minutes

Ingrédients

Boulettes

500 g (1 lb) de porc haché maigre
1 œuf battu
1 gousse d'ail dégermée hachée finement
1 oignon râpé
60 ml (¼ tasse) de chapelure assaisonnée
2,5 ml (½ c. à thé) d'origan, basilic ou de marjolaine séché
1 ml (¼ c. à thé) de sel et de poivre noir moulu

Variantes au fromage

60 ml (¼ tasse) de fromage à pâte ferme de type parmesan ou romano

Sauce brune de base

45 ml (3 c. à soupe) de beurre
60 ml (¼ tasse) de farine
500 ml (2 tasses) de bouillon de bœuf réduit en sel
5 ml (1 c. à thé) de miel
2 oignons tranchés
Sel de mer et poivre du moulin

Légumes d'accompagnement

2 tasses de légumes variés : carottes, rutabaga, céleri, haricots verts ou jaunes
4 à 6 pommes de terre

Recette

Boulettes : Mélanger tous les ingrédients dans un bol. Façonner les boulettes de la taille désirée soit environ 2,5 cm (1 po) de diamètre. Cuire 20 minutes au four préchauffé à 180 ºC (350 ºF) en les espaçant sur une plaque de cuisson légèrement huilée. Refroidir.

Sauce : Faire dorer les tranches d'oignon dans le beurre dans une poêle. Réserver sur une assiette. Ajouter la farine à la poêle et mélanger. Faire brunir doucement à feu moyen-doux. Verser du bouillon tiède en fouettant pendant la cuisson. Remettre les oignons et ajouter le miel. Augmenter la chaleur. Verser le reste du bouillon et brasser la sauce lorsqu'elle commence à frémir. Poivrer au goût. Mijoter à feu doux 10 minutes sans remuer. Passer au tamis (chinois). Refroidir.

Légumes : Cuire les légumes (pas trop) sauf les pommes de terre à la vapeur ou dans l'eau bouillante salée. Refroidir. Cuire les pommes de terre à la vapeur ou à l'eau bouillante salée, seulement au moment de servir.

Congélation : refroidir complètement. Congeler les boulettes à découvert puis emballer dans des sacs. Déposer la sauce et les légumes en portions dans le même contenant ou non.

Décongélation : au réfrigérateur ou au micro-ondes.

Servir : réchauffer à feu doux sur la cuisinière ou au micro-ondes dans la sauce. Servir avec des pâtes al dente ou des pommes vapeur.

Variations : pour des saveurs différentes, ajouter à la viande des herbes fraîches hachées finement; un pointe de piment fort, chili, Tabasco ou encore un peu de piment chili mexicain en poudre ou broyé comme le Ancho ou le Chipotle.

Côtes de porc dorées au miel à la chinoise 4 portions

Temps de préparation : 15 minutes • Temps de cuisson : 20 minutes

Ingrédients

1 kg (2,2 lb) de côtes de dos de porc

Sauce au miel et à l'ail

60 ml (¼ tasse) de sauce soja légère
2,5 ml (½ c. à thé) de nuoc nam (facultatif)
30 ml (2 c. à soupe) d'eau chaude
60 ml (¼ tasse) de miel
15 ml (1c. à soupe) d'huile végétale biologique
½ c. à thé d'huile de sésame
1 gousse d'ail broyée
5 ml (1 c. à thé) comble de gingembre frais haché
Pincée de poivre noir moulu

Recette

Découper les côtes de porc en portions en taillant à travers la viande de chaque côté de l'os. Déposer dans un chaudron. Couvrir d'eau bouillante et mijoter 10 minutes. Égoutter. Mélanger tous les ingrédients de la sauce dans une grande poêle. Chauffer doucement. Incorporer les côtes. Poursuivre la cuisson à feu moyen-doux environ 15 minutes en les retournant de temps à autre et en les badigeonnant de sauce. Refroidir.

Congélation : refroidir complètement. Congeler les côtes dans la sauce. Emballer dans des pellicule adhérentes, des sacs de congélation ou dans des plats allant au four.

Décongélation : dans l'emballage au réfrigérateur ou au micro-ondes.

Servir : réchauffer au four ou au micro-ondes. Servir avec du riz vapeur accompagné d'un mélange de légumes oriental pour compléter le repas.

Fettucinis aux boulettes de viande 4 à 6 portions

Temps de préparation : 35 minutes • Temps de cuisson : 20 minutes

Ingrédients

375 g (13 oz) de fettucinis de blé entier (au service)
Parmesan ou romano frais râpé (au service)

Sauce tomate de base

1 boîte (796 ml - 28 oz) de tomates écrasées
45 ml (3 c. à soupe) de pâte de tomates
500 (2 tasses) d'eau filtrée
60 ml (¼ tasse) de vin rouge
5 ml (1 c. à thé) de sucre
2, 5 ml (½ c. à thé) d'origan séché
5 ml (1 c. à thé) de basilic séché
1 feuille de laurier
1 grosse gousse d'ail dégermée hachée
15 ml (1 c. à soupe) d'huile d'olive
1 recette de boulettes de viande de porc (Voir Ragoût de boulettes de viande, page 126.)

Recette

Mélanger tous les ingrédients de la sauce dans un faitout à l'exception des boulettes. Mijoter à feu doux pendant 1 heure. Préparer les boulettes selon la recette de base ou encore utiliser des boulettes congelées préalablement cuites. Les déposer dans la sauce et les laisser mijoter 20 à 30 minutes en mouillant avec un peu d'eau ou de vin si nécessaire. Refroidir.

Congélation : refroidir complètement; congeler en portions.

Décongélation : au réfrigérateur ou au micro-ondes.

Servir : réchauffer à feu doux sur la cuisinière ou au micro-ondes jusqu'à ce que la sauce soit très chaude. Cuire les pâtes al dente. Égoutter. Loucher rapidement la sauce avec des boulettes sur les pâtes. Servir avec du parmesan ou romano frais râpé. Accompagner d'une salade citronnée.

Conseils : cette sauce sert de base à plusieurs variations culinaires dont les aubergines farcies. Vous pouvez aisément la doubler.

Filet de porc farci aux canneberges et aux pacanes

4 portions

Temps de préparation : 15 minutes • Temps de marinade : 1 heure • Temps de cuisson : 20 minutes

Ingrédients
850 g (env. 2 lb) de filets de porc frais (2 filets non décongelés)

Farce
30 ml (2 c. à soupe) d'échalote française hachée
15 ml (1 c. à soupe) d'huile d'olive
60 ml (¼ tasse) de vin Marsala (ou de vin blanc fruité)
15 ml (1 c. à soupe) de jus d'orange
5 ml (1 c. à thé) de zeste d'orange râpé finement
1 gousse d'ail dégermée hachée finement
7,5 ml (½ c. à soupe) de romarin frais haché finement
60 ml (¼ tasse) de canneberges séchées hachées
60 ml (¼ tasse) de pacanes hachées finement
Sel et poivre noir moulu

Sauce
Demi-glace du commerce ou sauce brune de base*
(Voir p. 126)
Vin rouge
Brin de romarin

Recette

Filets : Faire revenir les échalotes dans un peu d'huile sans les dorer, jusqu'à ce qu'elles deviennent transparentes. Mélanger dans un bol avec les autres ingrédients de la farce. Arroser de vin et laisser macérer 1 heure. Entailler sur la longueur le filet de porc pour créer une pochette et y étaler la farce. Ficeler.

Sauce : Préparer la sauce selon les instructions du fabricant ou suivre la recette de sauce brune de base. Ajouter un peu de vin si désiré et mijoter avec un brin de romarin. Refroidir et jeter le romarin.

Congélation : emballer les filets farcis crus séparément. La sauce doit être congelée à part ou préparée juste avant de servir.

Décongélation : la veille, les filets dans l'emballage au réfrigérateur. La sauce peut être décongelée au micro-ondes.

Servir: préchauffer le four à 180 ºC (350 ºF). Chauffer une poêler et faire dorer les filets ficelés dans un peu d'huile ou de beurre. Déposer les filets farcis dans un plat peu profond légèrement huilé. Cuire environ 25 minutes ou à température du thermomètre 70 ºC (160 ºF). Laisser reposer la viande emballée dans une feuille d'aluminium 8 minutes hors du four avant de trancher. Chauffer la sauce et présenter dans une saucière. Accompagner de légumes vapeur (haricots verts, petits pois) de riz basmati brun ou blanc (ou rouge) au beurre ou de pommes de terre mousselines.

Mijoté de porc à la méditerranéenne 6 portions

Temps de préparation : 10 minutes • Temps de cuisson : 4 heures

Ingrédients

1 kg (2,2 lb) d'épaule de porc
125 ml (½ tasse) de vin de Madère (ou de vermouth blanc)
125 ml (½ tasse) d'eau
3 gousses d'ail dégermées
1 feuille de laurier
2 branches de cœur de céleri
1 carotte
1 panais
2,5 ml (½ c. à thé) de cannelle moulue
2,5 ml (½ c. à thé) de cumin moulu
7,5 ml (½ c. à soupe) de graines de fenouil
5 ml (1 c. à thé) de sucre
Sel et poivre noir moulu
Service :
125 ml (½ tasse) d'olives noires tranchées (facultatif)

Accompagnement

Pommes de terre

Recette

Trancher les gousses d'ail et les légumes (0,7 cm - ¼ po d'épaisseur). Enfariner la viande et la piquer d'ail. Chauffer l'huile et saisir la viande des 2 côtés. Déposer dans la mijoteuse les légumes et les aromates avec le vin et l'eau. Déposer la viande. Saler et poivrer légèrement et ajouter le sucre. Mijoter 1 heure à feu élevé (ou à feu moyen-doux sur la cuisinière) et 3 heures à feu doux (ou à feu doux environ 4½ heures sur la cuisinière). Ajouter les olives si désiré en fin de cuisson. Refroidir.

Congélation : refroidir complètement. Dégraisser et désosser la viande. Défaire en morceaux. Congeler en portions sans épaissir le bouillon.

Décongélation : la veille, dans l'emballage au réfrigérateur ou au micro-ondes.

Servir : cuire à l'eau salée 10 minutes des pomme de terres coupées en morceaux. Réchauffer le mijoté dans une casserole à feu doux et y incorporer les pommes de terre mi-cuites. Cuire environ 15 minutes. Épaissir la sauce en augmentant la chaleur quand la viande est chaude et ajouter 15 ml (1 c. à soupe) de farine diluée dans un peu de bouillon de cuisson. Remuer. Goûter et rectifier l'assaisonnement. Servir avec une salade verte.

Aubergines farcies aux saucisses italiennes

4 portions

Temps de préparation : 10 minutes • Temps de cuisson : 15 minutes

Ingrédients
4 petites (ou 2 moyennes) aubergines fermes

Farce
3 saucisses italiennes (douces ou fortes)
250 à 310 ml (1 à 1¼ tasse) de sauce tomate de base*
(voir p. 215)
125 ml (½ tasse) d'eau
125 ml (½ tasse) de chapelure assaisonnée
60 ml (¼ tasse) pecorino ou romano râpé
250 ml (1 tasse) mozzarella râpée (facultatif)
Huile d'olive

Recette
Mélanger le pecorino à la chapelure. Réserver. Couper les aubergines sur la longueur. Pratiquer des incisions en damier. Soulever la chair à la cuillère en prenant soin d'en conserver (env. 1 cm-3/8 po) au bord, pour que la pelure se tienne. Hacher la chair en dés et égrener la chair des saucisses. Chauffer un peu d'huile dans une poêle. Y mettre l'ail haché et faire revenir la chair d'aubergine 5 minutes à feu moyen élevé en brassant. Ajouter la viande et cuire 3 à 4 minutes. Verser la sauce tomate et l'eau. Mijoter 1 minute. Refroidir complètement. Farcir les pelures d'aubergines sur une plaque ou une assiette. Ajouter la mozzarella et saupoudrer de chapelure au fromage ou garnir au service. Refroidir.

Congélation : refroidir complètement. Congeler les aubergines farcies à découvert; emballer dans des sacs de congélation ou dans un plat huilé allant au four.

Décongélation : la veille dans l'emballage au réfrigérateur ou au micro-ondes.

Servir : réchauffer 15 à 20 minutes au four préchauffé à 190 ºC (375 ºF). Gratiner quelque minutes sous le gril du four si désiré. Ce plat peut être réchauffé au micro-ondes avec ou sans la pelure du légume. Servir avec une salade verte ou utiliser la farce pour garnir une lasagne ou des poivrons.

Lasagne à la courge poivrée 6 à 8 portions

Temps de préparation : 20 minutes • Temps de cuisson : 30 minutes

Ingrédients
9 pâtes à lasagne
500 ml (2 tasses) de sauce tomate de base* ou de sauce tomate au choix
(voir p. 215)
2 courges poivrées
½ oignon haché finement
200 g (6,5 oz) de ricotta
1 gros œuf battu
1 pincée chacune de sel, poivre et muscade
10 tranches minces de jambon italien (ou de salami, de pepperoni)
500 ml (2 tasses) de mozzarella râpée
1 sac (200 g) d'épinards frais

Recette
Vaporiser d'huile d'olive un plat à lasagne allant au four. Préchauffer le four à 190 ºC (375 ºF). Cuire les pâtes al dente dans un gros volume d'eau salée. Rincer à l'eau froide. Bien égoutter. Couper les tiges et nervures coriaces des épinards et les hacher. Blanchir et refroidir. Exprimer l'eau en les pressant contre les parois d'un tamis. Réserver.

Peler la courge et couper la chair en petits cubes ou la hacher pour obtenir 500 ml (2 tasses). Faire revenir l'échalote hachée dans un peu d'huile. Ajouter la courge et cuire pour l'attendrir. Réserver.

Mélanger le fromage avec l'œuf battu, la muscade, le sel et le poivre. Réserver. Hacher grossièrement le jambon.

Faire le montage de la lasagne en versant un peu de sauce tomate au fond du plat. Déposer un premier rang de pâtes. Alterner les garnitures, courge, ricotta, jambon, épinards avec les pâtes. Verser un peu de sauce et de mozzarella sur les épinards. Répartir la mozzarella sur le dessus du dernier rang de pâte. Couvrir d'une feuille d'aluminium. Enfourner 20 minutes. Refroidir.

Congélation : refroidir complètement. Emballer en laissant la feuille d'aluminium.

Décongélation : la veille, dans l'emballage au réfrigérateur ou au micro-ondes.

Servir : réchauffer environ 20 minutes couvert au four préchauffé à 190 ºC (375 ºF) ou au micro-ondes. Servir avec une salade verte ou quelques crudités.

Casserole de rotinis au porc 4 à 6 portions

Temps de préparation : 10 minutes • Temps de cuisson : 30 minutes

Ingrédients

1 l (4 tasses) de mijoté de porc méditerranéen (voir p. 130)
375 g (4 tasses) de rotinis de blé entier
500 ml (2 tasses) de fromage râpé à gratiner (mozzarella, gruyère)
60 ml (¼ tasse) de parmesan râpé
500 ml (2 tasses) d'épinard hachés

Recette

Cuire les pâtes 6 à 8 minutes dans l'eau bouillante salée. Égoutter. Décongeler les épinards et les presser pour enlever l'eau. Mélanger le mijoté et les pâtes. Étaler la moitié dans un plat huilé (ex.: moules à pain ou barquettes individuelles en aluminium) allant au four. Ajouter les épinards. Saupoudrer de parmesan et d'un peu de mozzarella. Couvrir du reste de pâtes au mélange de porc et terminer avec le reste de fromage à gratiner.

Congélation : refroidir complètement. Congeler les plats recouverts d'une pellicule plastique et d'une feuille d'aluminium ou en portions dans des sacs de congélation. Le fromage peut être congelé dans un sac à part.

Décongélation : la veille dans l'emballage au réfrigérateur ou au micro-ondes.

Servir : préchauffer le four à 190 ºC (375 ºF). Réchauffer au four environ 15 minutes ou au micro-ondes. Passer quelques minutes sous le gril si désiré, pour un plat gratiné. Servir accompagner d'une salade verte.

Roulades de lasagne au capiccolo sauce béchamel

6 portions

Temps de préparation : 15 minutes • Temps de cuisson : 30 minutes

Ingrédients
12 pâtes à lasagne aux épinards
6 à 8 tranches minces de jambon italien
500 ml (2 tasses) de gruyère râpé
7 à 8 champignons de Paris hachés (facultatif)
5 ml (1 c. à thé) de jus de citron
Beurre et huile d'olive
180 ml (3/4 tasse) de sauce tomate*
ou de sauce tomate au choix
(voir p. 215)
500 ml (2 tasses) de béchamel

Sauce béchamel
(voir p. 219)

Recette
Préchauffer le four à 180 ºC (350 ºF). Cuire les pâtes dans un gros volume d'eau salée jusqu'à ce qu'elles soient al dente. Les rincer à l'eau froide et égoutter. Faire revenir les champignons arrosés de jus de citron dans un peu de beurre et d'huile si désiré. Réserver. Badigeonner une pâte à la fois de sauce tomate. Couper les tranches de jambon en deux (selon la taille des tranches). Étendre un morceau de jambon au début de la pâte. Saupoudrer de gruyère râpé et ajouter des champignons hachés si désiré. Rouler et déposer côté bordure au fond d'un plat huilé allant au four (ou 6 barquettes individuelles). Répéter. Napper les rouleaux de béchamel. Cuire environ 15 minutes. Refroidir.

Béchamel : Suivre les étapes de la page 219.

Congélation : refroidir complètement. Emballer les lasagnes en portions (2 par portions) dans des plats allant au four ou au micro-ondes.

Décongélation : la veille, dans l'emballage au réfrigérateur ou au micro-ondes.

Servir : recouvrir le plat d'une feuille d'aluminium et réchauffer 15 à 20 minutes au four préchauffé à 180 ºC (350 ºF) ou au micro-ondes. Servir avec une salade verte ou quelques crudités.

Variation : pour des roulés végétariens, remplacer le jambon par de minces tranches d'aubergines revenues dans un peu d'huile et napper les pâtes d'une purée de légumineuses avant de badigeonner de sauce tomate.

Crêpes ficelles farcies au jambon à la française

4 à 6 portions

Temps de préparation : 1 heure • Temps de pause : 2 heures
• Temps de cuisson : 10 minutes

Ingrédients

Pâte à crêpes à la bière
250 ml (1 tasse) de farine tout usage
300 ml (1 tasse + 3 c. à soupe) de lait entier
100 ml (½ tasse + 2 c. à soupe) de bière blonde
2 gros œufs battus
30 ml (2 c. à soupe) de beurre fondu
Pincée de sel de mer

> **Conseils** : vous pouvez doubler les quantités de champignons et d'oignons de la sauce. Parfumer les champignons à la cuisson en incorporant un alcool (au sirop d'érable ou de fruits sauvages).

Sauce
500 ml (2 tasses) de lait chaud
60 ml (¼ tasse) de farine
60 ml (¼ tasse) de beurre fondu
224 g (8 oz) de champignons hachés
5 ml (1 c. à thé) de jus de citron ou eau
de vie à l'érable ou aux fruits sauvages
15 ml (1 c. à soupe) de beurre
2,5 ml (½ c. à thé) d'huile végétale
1 petit oignon haché ou 2-3 oignons verts

Garniture
150 g (12 tranches) de jambon
tranché mince
375 ml (1½ tasse) de gruyère râpé

Recette

Crêpes : Beurrer un plat allant au four. Tamiser la farine avec le sel dans un bol. Verser le lait froid et bien mélanger. Ajouter les œufs battus et le beurre fondu. Laisser reposer la pâte 2 heures (ou plus) au réfrigérateur. Incorporer ensuite la bière en fouettant. Chauffer une poêle antiadhésive à feu moyen. Cuire 8 à 12 crêpes fines (selon la taille de la poêle). Sur un plan de travail, poser une tranche de jambon sur chaque crêpe et rouler serrer. Disposer dans un plat beurré. Refroidir. Saupoudrer de gruyère.

Sauce : Faire fondre le beurre avec l'huile. Arroser les champignons hachés fins de jus de citron. Faire revenir l'oignon 3 minutes en remuant. Ajouter les champignons et cuire environ 10 minutes à feu moyen-doux. Chauffer le lait. Dans une autre casserole, faire fondre le beurre. Hors du feu ajouter la farine et mélanger. Verser le lait d'un coup. Cuire 5 minutes en fouettant jusqu'à épaississement. Ajouter le mélange de champignons. Refroidir.

Congélation : refroidir complètement. Emballer les crêpes farcies en portions ou disposer dans un plat beurré. Congeler la sauce et le fromage râpé séparément. Emballer dans un sac de congélation.

Décongélation : dans l'emballage au réfrigérateur; éviter le micro-ondes.

Servir : préchauffer le four à 230 ºC (450 ºF). Disposer les crêpes serrées les unes contre les autres dans un plat beurré et napper de béchamel aux champignons et répartir le gruyère râpé au moment d'enfourner. Cuire environ 10 minutes.

Tourte de saumon et patate douce ... 138

Poisson en croûte d'arachides et sauce kaki à la menthe ... 140

Filets de poisson panés au gingembre et sesame ... 141

Filet de poisson en cachette ... 142

Petite cassolette de truite saumonée ... 143

Cannellonis farcis au saumon fume ... 144

Vol-au-vent aux crevettes en sauce crémeuse aux épinards ... 145

Pâtés de poisson blanc aux légumes à l'oriental ... 146

Filets de tilapia aux herbes et au parmesan ... 148

Linguinis en sauce aux fruits de mer ... 150

Saumon en papillote ... 151

Casserole de thon style méditerranéen ... 152

Poisson

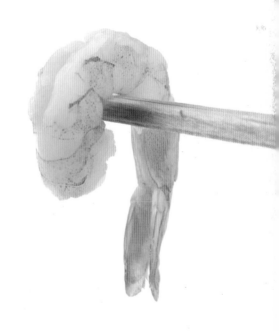

Plats de résistance à base de poisson et de fruits de mer

Tourte de saumon et patate douce 6 portions

Temps de préparation : 30 minutes • Temps de cuisson : 35 minutes

Ingrédients

250 g (8 oz) de dés de saumon frais cru
500 ml (2 tasses) de purée de patate douce
1 oignon vert haché finement
30 ml (2 c. à soupe) de crème 35% MG
Cumin en poudre (au goût)
Sel et poivre noir
2 abaisses de pâte brisée de base au choix (voir p. 213)
(pour 1 assiette à tarte de 25 cm - 9 à 10 po)
1 œuf battu
Sauce béchamel (voir p. 219)

Recette

Tourte : Déposer une abaisse dans un moule à tarte de 25 cm (9 po) ou dans des moules individuels. Précuire le fond de préférence. Voir cuisson partielle à la p. 213. Étendre la moitié de la purée de patate douce. Saupoudrer de cumin au goût et ajouter les oignons verts hachés. Étaler les dés de saumon crus par-dessus. Arroser d'un filet de crème. Déposer le reste de la purée. Étendre. Couvrir d'une abaisse. Pincer les bords (ou appuyer avec une fourchette). Couper le surplus de pâte. Badigeonner d'œuf battu si désiré. Congeler cru ou cuire au four préchauffé 15 minutes à 220 ºC (425 ºF). Réduire à 180 ºC (350 ºF) et poursuivre la cuisson 20 minutes ou jusqu'à ce que la croûte soit dorée. Refroidir.

Sauce béchamel : Suivre les étapes de la page 219.

Congélation : refroidir complètement. Congeler séparément la tourte et la sauce. Diviser en portions (pointes) si désiré, en enveloppant chaque pointe dans une pellicule plastique et une feuille d'aluminium ou dans des sacs plastique.

Décongélation : dans l'emballage la veille au réfrigérateur ou au micro-ondes.

Servir : réchauffer au four préchauffé à 180 ºC (350 ºF) environ 20 minutes. Éviter le micro-ondes. Servir avec la sauce béchamel, accompagné d'une salade verte, d'un chutney ou d'un ketchup maison.

Poisson en croûte d'arachides et sauce kaki à la menthe

2 portions

Temps de préparation : 30 minutes • Temps de cuisson : 15 minutes

Ingrédients
400 g (14 oz, 2 darnes) de poisson au choix (raie, morue, saumon)

Panure
125 ml (½ tasse) d'arachides non salées
1 oignon vert
1 ml (¼ c. à thé) de coriandre en poudre
15 ml (1 c. à soupe) d'huile de coco
Pincée de sel de mer
Pincée de poivre de Cayenne

Sauce
2 kakis bien mûrs
1 oignon vert
7 à 10 feuilles de menthe fraîches
5 ml (1 c. à thé) de jus de citron
2 pincées de Tout Épice
Pincée de poivre de Cayenne (facultatif)

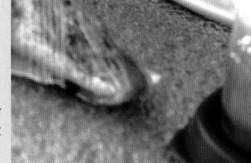

Recette
Filets de poisson : Passer les ingrédients de la panure au robot ou moudre grossièrement les arachides au moulin à café. Hacher l'oignon finement et mélanger le tout. Étendre avec les doigts une croûte de panure sur la surface du poisson épongé en pressant fermement.
Sauce : Détacher la chair des kakis (ils peuvent avoir été congelés et décongelés). Passer tous les ingrédients de la sauce au mélangeur.

Congélation : congeler séparément la sauce et les poissons panés en portions ou déposer dans un plat de cuisson.

Décongélation : ne pas décongeler les filets. Décongeler la sauce dans l'emballage au réfrigérateur ou au micro-ondes.

Servir : cuire les filets congelés au four préchauffé à 230 ºC (450 ºF) environ 15 à 20 minutes (selon l'épaisseur, soit en moyenne 12 minutes par 2,5 cm - 1 po d'épaisseur). Accompagner de légumes verts (brocolis, haricots). Servir la sauce tiède ou chaude dans l'assiette ou dans une saucière.

Filets de poisson panés au gingembre et sésame 2 portions

Temps de préparation : 30 minutes ● Temps de cuisson : 15 minutes

Ingrédients
300 g (10,5 oz) (2 filets) de poisson frais (turbot, aiglefin, tilapia, truite)

Panure
60 ml (¼ tasse) de panure assaisonnée
5 ml (1 c. à thé) de gingembre haché finement
5 ml (1 c. à thé) de coriandre hachée
5 ml (1 c. à thé) d'oignon vert haché
2,5 ml (½ c. à thé) de sauce soja
30 ml (2 c. à soupe) d'huile d'olive
1 ml (¼ c. à thé) d'huile de sésame

Sauce gingembre et miel
125 ml (½ tasse) de bouillon de poulet
5 ml (1 c. à thé) de sauce soja
6 ml (1¼ c. à thé) de fécule de maïs
5 ml (1 c. à thé) de gingembre haché finement
15 ml (1 c. à soupe) de miel
1 oignon vert haché finement

Recette
Filets de poisson
Mélanger tous les ingrédients de la panure dans une assiette creuse. Éponger les filets de poisson. Déposer la panure sur les filets et presser avec les doigts.

Conseils : vous pouvez aussi paner les poissons en déposant la panure et les filets dans un sac de plastique. Agiter pour couvrir facilement toutes les surfaces.

Sauce
Mélanger tous les ingrédients et chauffer à feu moyen doux dans une casserole jusqu'à épaississement. Refroidir.

Congélation : refroidir complètement la sauce. Diviser les filets en portions ou déposer dans un plat de cuisson. Congeler sauce et poisson séparément.

Décongélation : ne pas décongeler les filets. Décongeler la sauce dans l'emballage au réfrigérateur ou au micro-ondes en remuant à mi-temps.

Servir : cuire les filets congelés au four préchauffé à 230 ºC (450 ºF) environ 15 à 20 minutes (selon l'épaisseur, soit en moyenne 12 minutes par 2,5 cm - 1 po d'épaisseur). Servir avec la sauce réchauffée au micro-ondes. Accompagner de riz au jasmin et de légumes sautés à l'oriental dans un peu d'huile de sésame (laitue chinoise, bok choy, pois mange-tout).

Filet de poisson en cachette 2 portions

Temps de préparation : 15 minutes • Temps de cuisson : 35 minutes

Ingrédients
2 filets (400 g - 14 oz) de truite ou de saumon sans peau et sans arêtes
1 oignon haché
125 ml (½ tasse) de gouda (facultatif)
2 abaisses de pâte au choix (voir p. 213)
1 brin d'aneth ou
poivre rose moulu
Pincée de sel de mer
1 jaune d'œuf (pour badigeonner)
125 ml (½ tasse) de sauce béchamel (voir p. 219) (facultatif)

Recette
Faire revenir l'oignon dans du beurre ou de l'huile. Réserver. Abaisser les 2 croûtes sur une surface enfarinée en formant un rectangle. Déposer le filet au centre. Assaisonner au goût. Déposer le fromage si désiré et les oignons. Verser la sauce béchamel. Saler et poivrer légèrement. Rabattre la pâte sur le dessus du filet. Fermer en pinçant. Vous pouvez donner la forme d'un poisson.

Congélation : emballer et congeler.

Décongélation : dans l'emballage au réfrigérateur.

Servir : badigeonner d'un jaune d'œuf. Cuire au four préchauffé à 230 ºC (450 ºF) environ 15 minutes et réduire à 180 ºC (350 ºF) et cuire 20 minutes.

Conseils : pour un feuilleté style Wellington, ajouter un rang de feuilles d'épinards hachées; des courgettes finement râpées seraient aussi une délicieuse variation.

Petite cassolette de truite saumonée **4 portions**

Temps de préparation : 15 minutes • Temps de cuisson : 30 minutes

Ingrédients
600 g (21 oz) de pavés de truite saumonée (4 de 150 g - 5,25 oz chacun)
250 ml (1 tasse) de mélange de riz sauvage et riz brun cuit
250 ml (1 tasse) de champignons frais hachés
Jus de citron
1 oignon jaune haché finement
Brin d'aneth, ciboulette ou thym
250 ml (1 tasse) de béchamel (voir p. 219) (facultatif)
Huile d'olive ou beurre
Sel et poivre
1 abaisse de pâte au choix (voir p. 213)

Recette
Faire suer l'oignon dans un peu d'huile ou de beurre dans une poêle. Ajouter les champignons arrosés d'un filet de jus de citron. Cuire 7-8 minutes. Mélanger avec le riz sauvage cuit. Verser la béchamel dans 4 plats individuels huilés ou un grand plat allant au four. Déposer chaque darne de saumon dans un plat. Assaisonner d'une herbe au choix. Arroser d'huile d'olive. Saler et poivrer au goût. Ajouter le mélange de riz. Poser une abaisse sur chacun et fermer avec les doigts ou en pressant le bord avec une fourchette. Cuire au four préchauffé à 230 ºC (450 ºF) environ 15 minutes et poursuivre 25 à 30 minutes. Refroidir.

Congélation : refroidir complètement. Congeler hermétiquement chaque barquette ou plat allant au four.

Décongélation : la veille, dans l'emballage au réfrigérateur.

Servir: réchauffer au four préchauffé à 180 ºC (350 ºF) environ 15 à 20 minutes. Servir avec une salade verte.

Cannellonis farcis au saumon fumé **4 portions**

Temps de préparation : 20 minutes • Temps de cuisson : 35 minutes

Ingrédients

12 cannellonis précuits
310 ml (1 ¼ tasse) de ricotta
1 gros œuf battu
70 g (2,5 oz) de saumon fumé
15 ml (1 c. à soupe) d'aneth
1 petit poivron de couleur
1 rondelle d'oignon rouge
30 ml (2 c. à soupe) de parmesan

Sauces

500 ml (2 tasses) de sauce à spaghetti maison
250 ml (1 tasse) de fumet de poisson (d'eau ou de bouillon)
250 ml (1 tasse) de béchamel
250 ml (1 tasse) de mozzarella râpée

Béchamel

310 ml (1 ¼ tasse) de lait chaud
30 ml (2 c. à soupe) de farine
30 ml (2 c. à soupe) de beurre
Pincée de muscade
Sel et poivre

Recette

Préchauffer le four à 180 ºC (350 ºF). Trancher le saumon en lanières. Réserver. Cuire les cannellonis al dente dans une eau légèrement salée, s'ils ne sont pas précuits. Égoutter et réserver sur un linge humide. Couper en petits dés le poivron et l'oignon. Faire revenir quelques minutes dans un peu d'huile d'olive. Dans un saladier, mélanger la ricotta, l'œuf battu, les légumes attendris, la ciboulette et le parmesan. Farcir les cannellonis.

Béchamel : Préparer la béchamel en mélangeant le beurre avec la farine dans un chaudron à feu doux. Ajouter le lait chaud et fouetter. Cuire 3 minutes en fouettant. Elle ne doit pas être trop épaisse. Saler et poivrer légèrement. Tiédir.

Diluer la sauce ou le coulis avec le fumet de poisson. Verser au fond des plats. Déposer les cannellonis dans les plats. Mélanger ou non la béchamel à la sauce ou verser l'une après l'autre. Saupoudrer de mozzarella. Cuire 15 minutes 180 ºC (350 ºF). Refroidir.

Congélation : refroidir complètement. Emballer et congeler.

Décongélation : dans l'emballage au réfrigérateur.

Servir : préchauffer le four à 190 ºC (375 ºF). Enfournez pendant 20 minutes et, si désiré, gratiner sous le gril quelques minutes. Les cannellonis peuvent se réchauffer au micro-ondes.

Vol-au-vent aux crevettes en sauce crémeuse aux épinards

4 portions

Temps de préparation : 10 minutes • Temps de cuisson : 10 minutes

Ingrédients

4 vol-au-vent
24 (gr. 31/40) crevettes fraîches
1 petite échalote française hachée finement
5 ml (1 c. à thé) d'huile d'olive
Persil ciselé

Sauce béchamel aux épinards aromatisée au romarin

375 ml (1 ½ tasse) lait mi-écrémé
250 ml (1 tasse) de fumet de poisson
35 ml (2 c. soupe + 1 c. à thé) de beurre
35 ml (2 c. soupe + 1 c. à thé) de farine
1 brin de romarin
1 gousse d'ail dégermée
250 ml (1 tasse) d'épinards surgelés
Sel de mer
Trois poivres moulu

Variation : vous pouvez utiliser du bouillon de légumes ou de poulet réduit en sel si vous n'avez pas du fumet de poisson déshydraté. Servis en entrées, garnissez avec moins de crevettes.

Recette

Sauce : Jeter les épinards dans l'eau bouillante légèrement salée. Égoutter et presser dans un tamis pour exprimer l'eau. Les hacher finement. Réserver. Chauffer le lait avec le romarin. Infuser 10-15 minutes (ou au micro-ondes environ 2 minutes).

Dans une poêle chauffer l'huile et faire revenir l'échalote hachée finement. Ajouter le beurre, l'ail haché finement et la farine puis mélanger hors du feu. Verser le lait aromatisé d'un coup. Cuire 3 minutes en fouettant. Mouiller au fumet de poisson. Assaisonner. Refroidir complètement. Ajouter les crevettes crues.

Congélation : refroidir complètement. Congeler les vol-au-vent dans un contenant rigide, séparément des crevettes en béchamel; les diviser en portions ou dans un sac de congélation en suivant les conseils d'emballage.

Décongélation : dans l'emballage au réfrigérateur. Les vol-au-vent peuvent rester congelés.

Servir : préchauffer le four à 200 ºC (400 ºF). Réchauffer les crevettes béchamel à feu moyen-doux dans une casserole ou au micro-ondes. Ajouter du lait si nécessaire. Goûter et rectifier l'assaisonnement. Chauffer les vol-au-vent congelés 5 minutes dans un plat allant au four. Déposer 2 à 3 crevettes et de la sauce au centre et garnir de crevettes tout autour. Surmonter du chapeau. Enfourner 5 à 8 minutes. Ajouter un peu de sauce sur chaque vol-au-vent au service. Garnir d'une herbe fraîche ciselée.

Pâtés de poisson blanc aux légumes à l'oriental 4 portions

Temps de préparation : 10 minutes • Temps de cuisson : 10 minutes

Ingrédients
Pâtés de poisson

4 (env. 500 g – 1 lb) de filets de poisson blanc frais (turbot, aiglefin, morue)
20 ml (4 c. à thé) de chapelure épicée
2 oignons verts
5 ml (1 c. à thé) de pâte de cari (douce, moyenne ou forte)
10 ml (2 c. à thé) de jus de citron vert
2,5 ml (½ c. à thé) de zeste fin
20 ml (4 c. à thé) de poivron rouge
1 brin de coriandre (facultatif)
Huile végétale et huile de sésame

Légumes à l'oriental

4 petits Bok choy
1 oignon
1 gousse d'ail dégermée
250 ml (1 tasse) de châtaignes d'eau
500 ml (2 tasses) de fèves germées
2 branches de céleri
Sauce soja légère
5 ml (1 c. à thé) de fécule de maïs

Recette

Pâtés de poisson : Mélanger tous les ingrédients au robot (ou utiliser un presse-purée, une fourchette) pour obtenir une purée plus ou moins lisse. Former de petits pâtés.

Légumes sautés : Préparer les ingrédients la veille si désiré. Conserver dans un contenant hermétique au réfrigérateur. Trancher les bok choy, l'oignon et le céleri. Chauffer un peu d'huile et y sauter les légumes en ajoutant, lorsque le céleri est attendri, les fèves germées (mung). Diluer la fécule dans un verre d'eau. Verser sur les légumes en remuant. Ajouter un peu de sauce soja au goût. Cuire jusqu'à tendreté (mais encore croustillant) en remuant. Servir immédiatement.

Congélation : diviser le pâtés crus en portions. Congeler. Ne pas congeler les légumes. Les cuisiner au service.

Décongélation : dans l'emballage au réfrigérateur ou au micro-ondes.

Servir : badigeonner les pâtés d'un mélange d'huiles suggérées. Les poêler 4 à 5 minutes de chaque côté. Accompagner de légumes sautés ou servir en « burger » dans un pain rond garni de laitue et de tomates avec des condiments au choix (moutarde, mayonnaise) et accompagnés de frites.

Filets de tilapia aux herbes et au parmesan

4 portions

Temps de préparation : 15 minutes • Temps de cuisson : 8 à 10 minutes

Ingrédients

500-600 g (18 oz, 4 filets) de tilapia frais

Panure

15 ml (1 c. à soupe) de persil haché finement

5 ml (1 c. à thé) de thym frais haché

2 brins de ciboulette hachés finement

5 ml (1 c. à thé) de zeste de lime

90 ml (¼ de tasse + 2 c. à soupe) de chapelure assaisonnée

30 ml (2 c. à soupe) de parmesan râpé

25 ml (5 c. à thé) de beurre mou non salé

Salade de chou

500 ml (2 tasses) de chou râpé finement

250 ml (1 tasse) de carottes râpées finement

1 oignon vert haché finement

Mayonnaise

Lait ou crème

Pincée de graines de céleri

Pincée de poudre de cari

Sel et poivre du moulin

Variations : remplacer la ciboulette par de l'oignon vert dans la panure.

Recette

Tilapia : Mélanger tous les ingrédients de la panure dans une assiette creuse. Éponger les filets de poisson et y étendre du beurre mou à la spatule. Couvrir de panure le dessus des filets et presser avec les doigts.

Salade de chou : Mélanger un tiers des ingrédients à la fois avec de la mayonnaise en ajoutant un filet de lait ou de crème. Couvrir d'un film plastique et conserver au réfrigérateur 1 à 2 jours.

Congélation : diviser les filets en portions ou déposer dans un plat de cuisson. Congeler. Ne pas congeler la salade de chou.

Décongélation : ne pas décongeler.

Servir : cuire au four préchauffé à 230 ºC (450 ºF) entre 10 et 18 minutes (selon l'épaisseur, soit en moyenne 12 minutes par 2,5 cm - 1 po d'épaisseur). Accompagner de quartiers de lime et de la salade de chou préalablement chambrée. Des pâtes au beurre, des frites maison et des légumes vapeur peuvent bien garnir les assiettes.

Linguinis en sauce aux fruits de mer

2 portions

Temps de préparation : 15 minutes • Temps de cuisson : 15 minutes

Ingrédients
2 portions (env. 180 g - 6,3 oz) de linguinis
Parmesan ou romano frais râpé
Feuilles de basilic frais

Sauce aux fruits de mer
2 tranches de pancetta
250 ml (1 tasse) de crème à cuisson 15%
30 ml (2 c. à soupe) de sauce tomate
30 ml (2 c. à soupe) de pâte de tomates
1 gousse d'ail dégermée
1 petite branche de céleri hachée finement
2,5 ml (½ c. à thé) de basilic séché
30 ml (2 c. à soupe) de persil haché finement
30 ml (2 c. à soupe) de vin blanc sec
30 ml (2 c. à soupe) de parmesan frais râpé
500 ml (2 tasses) de petits fruits de mer frais (crevettes, pétoncles ou mélange au choix)

Recette
Sauce : Ne pas décongeler les fruits de mer s'ils sont surgelés. Cuire les tranches de pancetta. dans une poêle. Verser la crème. Chauffer quelques minutes sans bouillir. Ajouter la sauce et la pâte de tomates puis l'ail écrasé et le céleri haché finement ainsi que les herbes. Mélanger. Verser le vin. Ajouter le fromage parmesan pour lier. Remuer. Refroidir. Ajouter les fruits de mer crus.

Congélation : refroidir complètement; congeler en portions.

Décongélation : dans l'emballage au réfrigérateur ou au micro-ondes.

Servir : réchauffer à feu doux ou au micro-ondes ou sur la cuisinière jusqu'à ce que la sauce soit très chaude. Ajouter un peu de lait ou de crème si nécessaire. Cuire les pâtes al dente. Égoutter. Loucher rapidement la sauce aux fruits de mer sur les pâtes. Servir avec du parmesan ou romano frais râpé si désiré. Accompagner d'une salade verte avec une vinaigrette légère au citron.

Saumon en papillote **4 portions**

Temps de préparation : 15 minutes ● Temps de cuisson : 35 minutes

Ingrédients

4 darnes de saumon frais sans peau
300 g (4 tasses) de pousses d'épinards
2 oignons verts
4 tranches (100 g -3,5 oz) de feta
30 ml (2 c. à soupe) de vin blanc
Brin d'aneth
Huile d'olive
Sel et poivre noir moulu

Recette

Trancher les oignons verts au milieu et les couper en morceaux. Couper la feta en tranches d'environ 1,3 cm - ½ po d'épaisseur. Blanchir les épinards. Les refroidir et les presser pour enlever l'eau. Les hacher grossièrement. Couper 4 carrés de feuilles d'aluminium ou de papier parchemin. Badigeonner le centre d'huile d'olive. Disposer une couche d'épinards. Recouvrir de quelques tiges d'oignons verts et garnir de tranches de feta. Déposer un morceau de poisson. Ajouter les brins d'aneth et arroser de vin blanc. Saler et poivrer. Refermer au centre en pliant serré 2 ou 3 fois et fermer les extrémités en formant une papillote.

Congélation : congeler les papillotes en portions dans des sacs de congélation.

Décongélation : ne pas décongeler.

Servir : cuire au four préchauffé à 230 ºC (450 ºF) entre 30 et 35 minutes (selon l'épaisseur, soit en moyenne 12 minutes par 2,5 cm - 1 po d'épaisseur). Accompagner d'une salade de tomates.

Conseils : cuisiner ainsi d'autres variétés de poisson frais : truite, espadon, maquereau ou morue. Varier le fromage: edam fumé, gruyère.

Casserole de thon style méditerranéen 6 portions

Temps de préparation : 20 minutes • Temps de cuisson : 40 minutes

Ingrédients
2 poivrons rouges
60 ml (¼ tasse) d'huile d'olive
45 ml (3 c. à soupe) de farine
750 ml (3 tasses) de lait
5- 6 fonds d'artichaut cuits (ou l'équivalent en boîte)
1 botte d'oignons verts
1 gousse d'ail dégermée
2 boîtes de thon blanc (170 g - 6 oz chacune)
60 ml (¼ tasse) de parmesan râpé (ou romano)
125 ml (½ tasse) de fromage à gratiner (facultatif)
375 g (12 oz) de pâtes aux œufs ou de blé entier

Recette
Cuire les pâtes très al dente (2 -3 minutes de moins) dans l'eau bouillante salée. Les égoutter et les déposer dans un plat allant au four ou diviser en portions. Couper les cœurs d'artichaut en 2 ou 3. Réserver. Trancher les oignons verts en rondelles et le poivron en lanières. Les faire revenir dans une poêle pour les attendrir. Verser la farine et remuer. Ajouter le lait graduellement en mélangeant à la cuillère de bois. Cuire à feu moyen-doux sans faire bouillir. Émietter le thon et l'ajouter dans la sauce avec les artichauts et le parmesan. Verser sur les pâtes et mélanger délicatement. Distribuer dans 1 (ou 6 individuels) plat allant au four. Saupoudrer de fromage râpé. Cuire si désiré au four préchauffé à 220 ºC (400 ºF) environ 20 minutes. Refroidir.

Congélation : refroidir complètement et congeler.

Décongélation : la veille, dans l'emballage au réfrigérateur ou au micro-ondes.

Servir : décongelé: cuire recouvert d'une feuille d'aluminium, au four préchauffé à 220 ºC (400 ºF) environ 30 minutes ou jusqu'à ce que le centre soit chaud. Découvrir et poursuivre la cuisson 15 à 20 minutes pour gratiner le fromage ou passer sous le gril.

Congelé : cuire au four préchauffé à 220 ºC (400 ºF), recouvert d'une feuille d'alumium environ 2 heures et procéder de la même manière que précédemment.

Enchiladas aux légumes à la québécoise ... 156

Gnocchis maison au beurre citronné ... 158

Végé pâté en croûte de noix aux herbes ... 159

Lentilles aux épinards à l'ail ... 160

Tourtière au millet ... 161

Risotto aux champignons et au parmesan ... 162

Couscous aux fruits secs et fèves de soja (edamame) ... 164

Sauce rosée Gascon ... 165

Macaroni au fromage réconfortant de grand-maman ... 166

Poivrons farcis au boulgour et au tofu grille ... 167

Tarte à l'oignon ... 168

Quiche aux asperges ... 170

Spaghettis à la sauce aux legumes ... 171

Pois chiches épicés ... 172

Carottes rôties à l'érable aromatisées au fenouil ... 173

Lasagne au tofu ... 174

Plats divers

Plats divers
(pâtes, légumineuses, quiche...)

Enchiladas aux légumes à la québécoise 8 portions

Temps de préparation : 20 minutes • Temps de cuisson : 30 minutes

Ingrédients

8 tortillas de blé aux grains entiers (15 cm-6 po)

Farce aux légumes

1 boîte (540 ml - 19 oz) de haricots cuits (rouges ou noirs)
90 ml (¼ tasse + 2 c. à soupe) d'eau filtrée
2 -3 oignons verts
1 sac (200 g - 6,5 oz) d'épinards frais (ou l'équivalent surgelés)
2 poivrons de couleur (rouge- jaune)
1 gros oignon rouge
250 ml (1 tasse) de maïs en grain surgelé
500 ml (2 tasses) de Cheddar

Sauce mexicaine

15 ml (1 c. à soupe) de pâte de tomates
15 ml (1 c. à soupe) de farine
15 ml (1 c. à soupe) d'huile végétale biologique
250 ml (1 tasse de bouillon) de bœuf réduit en sel
60 ml (¼ tasse) de graines de citrouille
1 ml (¼ c. à thé) de cumin en poudre
1 ml (¼ c. à thé) d'origan
Pincée(s) de piment Chipotle en poudre
Pincée de piment chili au goût (ou Tabasco)
15 ml (1 c. à soupe) de persil haché
Sel et poivre

Recette

Sauce mexicaine

Chauffer le bouillon. Préparer la sauce en mélangeant dans une poêle la pâte de tomates avec la farine et l'huile. Ajouter les herbes et les épices. Verser le bouillon et ajouter les graines de citrouille et bien mélanger. Cuire 3-4 minutes. Ajouter le cumin, l'origan et un peu de poivre moulu. Refroidir.

Farce aux légumes

Trancher les tiges d'épinards et hacher les feuilles. Les blanchir dans l'eau bouillante 1 minute et refroidir rapidement. Presser pour enlever toute l'eau. Couper les poivrons et l'oignon en dés fins. Les faire revenir dans un peu d'huile végétale. Tiédir et les mélanger dans un bol avec le maïs et les épinards blanchis. Rincer les haricots sous l'eau froide. Les réduire en purée grossière (il peut rester des morceaux) au robot (ou à la fourchette) avec les oignons verts en ajoutant un peu d'eau. Tartiner les tortillas d'une bonne couche de cette pâte (environ 30-45 ml - 2 à 3 c. à soupe). Étendre la farce et rouler chaque tortilla serré. Les déposer côté bordure à plat au fond d'un plat allant au four. Saupoudrer de fromage.

Congélation : congeler la sauce et les enchiladas séparément. Répartissez les enchiladas par exemple, dans 2 plats (21 cm x 15 cm — 8,5 po x 6 po) de 4 unités chacun.

Décongélation : la sauce au micro-ondes ou au réfrigérateur et les enchiladas dans l'emballage au réfrigérateur.

Servir : préchauffer le four à 190 ºC (375 ºF). Verser un peu de la sauce chaude au fond du plat si désiré et en répartir sur le dessus. Cuire environ 15 minutes. Servir chaud.

Conseils : si vous cuisinez des tortillas de maïs, il faut les humidifier en les plaçant entre 2 torchons humides une dizaine de minutes environ. Il n'est pas nécessaire de procéder ainsi pour les tortillas de blé à moins qu'elles soient plus épaisses et qu'elles ne s'enroulent pas bien. Les restaurants mexicains servent aussi ce plat monté comme une lasagne : doubler alors la quantité de sauce et de fromage. Pour varier, garnissez-les de poulet cuit, de tofu ou de bœuf haché cuit. Vous pouvez doubler cette recette sans problème.

Gnocchis maison au beurre citronné 4 à 5 portions

Temps de préparation : 30 minutes • Temps de cuisson : 40 minutes

Ingrédients

500 g (1 lb) de pommes de terre (4 à 5 à chair ferme)
375 ml (1½ tasse) de farine tout usage (+ 30 ml - 2 c. à soupe pour travailler)
1 gros jaune d'œuf battu
15 ml (1 c. à soupe) de parmesan râpé finement
Sel et poivre moulu

Accompagnement

Sauce tomate de base ou aux légumes (voir pages 215 et 217)
Huile d'olive et parmesan
Beurre aromatisé

Note : le beurre aromatisé se sert habituellement en rondelles. Pour une conservation maximale, envelopper les bûchettes dans du papier d'aluminium.

Beurre aromatisé

225 g (½ lb) de beurre ramolli (salé ou mi-salé)
Quelques brins d'herbe fraîche au choix : estragon, thym, ciboulette
Le zeste fin d'un gros citron ou de 3 limes

Recette

Gnocchis : Cuire les pommes de terre dans un grand chaudron d'eau non salée de 15 à 20 minutes. Égoutter. Écraser à la fourchette ou au presse-purée. Former un puits avec la purée sur l'aire de travail légèrement enfarinée. Ajouter le jaune d'œuf battu et le parmesan. Mélanger. Ajouter la farine petit à petit en pétrissant avec les mains. La pâte formera une masse qui collera de moins en moins aux mains. Pétrir encore un peu jusqu'à ce qu'elle devienne souple et élastique. Diviser la pâte et former des rouleaux minces. Couper des gnocchis de 2 cm (moins de 1 po), les rouler sur le plan de travail fariné et les arrondir sous le pouce. Les rayer à l'aide d'une fourchette.

Beurre aromatisé : Hacher les herbes et le zeste finement au couteau. Ramollir le beurre entre 2 feuilles de papier sulfurisé (ciré) avec les paumes. Incorporer les herbes et bien malaxer à la fourchette. Déposer la préparation sur une pellicule plastique et rouler pour former une bûche. Doubler la papillote d'une feuille d'aluminium. Réfrigérer au moins 1 heure et congeler.

Congélation : congeler les gnocchis en portions. Trancher les bûchettes en portions et les envelopper dans du papier d'aluminium.

Décongélation : il n'est pas nécessaire de décongeler les gnocchis ou le beurre. Mais vous pouvez laisser décongeler dans l'emballage au réfrigérateur.

Servir : cuire les gnocchis dans l'eau bouillante salée. Ils sont cuits lorsqu'ils remontent à la surface. Utiliser une spatule trouée pour les égoutter. Chauffer le beurre aromatisé avec une partie d'huile d'olive au micro-ondes ou dans une poêle sur la cuisinière. Enrober les pâtes de beurre chaud ou chauffer de la même manière la sauce tomate au choix. Servir immédiatement accompagné d'une salade de tomates fraîches et de laitue.

Végé pâté en croûte de noix aux herbes 8 portions

Temps de préparation : 15 minutes • Temps de cuisson : 1 heure

Ingrédients (biologiques de préférence)

250 ml (1 tasse) de graines de tournesol broyées finement
250 ml (1 tasse) de noix de cajou broyées
125 ml (½ tasse) de farine de blé entier non blanchie
125 ml (½ tasse) de levure alimentaire (dans les boutiques d'aliments naturels)
1 oignon haché finement
Le jus d'un citron
500 ml (2 tasses) de patates douces râpées finement
500 ml (2 tasses) de carottes rapées finement
Une pincée de piment chili frais ou mariné haché finement (facultatif)
125 ml (½ tasse) de chacun : huile de canola et d'olive biologique
250 ml (1 tasse) d'eau chaude filtrée
3 brins de romarin hachés finement
1 brin de thym (feuilles seulement)
30 ml (2 c. à soupe) de ciboulette hachée
5 ml (1 c. à thé) de sel de mer iodé
Poivre noir au goût

Recette

Préchauffer le four à 180 ºC (350 ºF). Broyer les graines de tournesol et les noix de cajou au moulin à café. Transférer dans un bol et ajouter graduellement l'eau chaude. Y mélanger les légumes hachés et tous les autres ingrédients. Poivrer au goût. Mélanger. Huiler (ou beurrer) un plat rectangulaire peu profond (31 cm x 21 x 2,8 cm – 12 x 8x 1,25 po) allant au four. Déposer le mélange dans le plat. Cuire 1 heure. Passer sous le gril 5 à 8 minutes en surveillant jusqu'à ce que la croûte soit bien grillée. Cette étape fait toute la différence: votre pâté en sera plus savoureux ! Refroidir.

Congélation : refroidir complètement. Trancher en portions; congeler en les emballant dans une pellicule plastique ou dans des sacs de congélation. Découper un carré de carton pour solidifier la base et faciliter l'entreposage.

Décongélation : dans l'emballage au réfrigérateur.

Servir : chambrer les portions 30 minutes à 1 heure avant de servir ou servir froid. Utiliser pour garnir un sandwich, des canapés ou déguster tel quel avec un légume d'accompagnement ou une bonne salade.

Lentilles aux épinards à l'ail 4 portions

Temps de préparation : 5 minutes • Temps de cuisson : 12 minutes

Ingrédients
1 sac (200 g) d'épinards
1 boîte (540 ml – 19 oz) de lentilles, rincées et égouttées
2 gousses d'ail dégermées
Pincée de cumin
60 ml (¼ tasse) de pignons
Sel, poivre
Graisse de canard (ou huile d'olive ou de beurre)

Recette
Émincer les gousses d'ail. Hacher les épinards, tiges et feuilles. Blanchir dans l'eau bouillante et refroidir. Les égoutter et les presser au fond d'un tamis pour extraire l'eau de cuisson. Mélanger l'ail, les épinards et les lentilles dans un bol. Ajouter les pignons et la pincée de cumin. Refroidir.

Congélation : refroidir complètement. Congeler en portions.

Décongélation : dans l'emballage au réfrigérateur ou au micro-ondes.

Servir : chauffer le corps gras dans une poêle. Faire revenir le mélange de lentilles et d'épinards décongelé quelques minutes. Chauffer à feu moyen ou réchauffer au micro-ondes. Servir en accompagnement d'un plat de viande, de poisson ou de volaille.

Variation : ajouter 250 ml (1 tasse) de tomates en dés épépinées ou du parmesan râpé à la préparation au moment de servir et une pointe d'origan.

Tourtière au millet 6 portions

Temps de préparation : 25 minutes • Temps de cuisson : 45 minutes

Ingrédients

Pâte brisée (pour 2 tartes doubles, 4 abaisses)

520 g (4 tasses) de farine tout usage

15 ml (1 c. à soupe) de sel

375 ml (1 ½ tasse) de corps gras froid (moitié beurre et graisse végétale)

250 ml (1 tasse) d'eau froide

15 ml (1 c. à soupe) de vinaigre blanc

1 jaune d'œuf battu

1 blanc d'œuf en neige

Garniture

75 ml (⅓ de tasse) de millet

150 ml (⅔ de tasse) d'eau filtrée

224 g (8 oz) de champignons de Paris

1 gros oignon jaune ou rouge

45 ml (3 c. à soupe) de sauce tamari

2,5 ml (½ c. à thé) de piment de la Jamaïque

Beurre fondu

Sel et poivre

Recette

Cuire le millet en même temps que vous faites la pâte à tarte. Tamiser la farine avec le sel. Incorporer la graisse et le beurre. Utiliser deux couteaux (ou pulser au robot). Faire une fontaine au centre de la farine et verser l'eau et le vinaigre. Mélanger. Ajouter le jaune suivi du blanc monté en neige. Bien incorporer. Former 2 boules de pâte et les recouvrir d'un film plastique. Réfrigérer 45 minutes à 1 heure.

Garniture

Cuire le millet à feu doux 15 minutes, sans brasser à découvert dans l'eau bouillante salée jusqu'à « croquant-doux ». Reposer 10 minutes à couvert. Préchauffer le four à 220 ºC (425 ºF). Hacher finement les champignons et l'oignon et incorporer au millet. Ajouter la sauce tamari et le piment de Jamaïque. Mouiller avec un peu d'eau ou de beurre fondu si le mélange semble trop sec. Saler et poivrer au goût. Abaisser 2 croûtes sur une surface légèrement enfarinée. Déposer une abaisse dans une assiette à tarte. Verser le mélange. Fermer la tourtière avec l'autre croûte. Pincer les bords et couper le surplus de pâte. Badigeonner d'un œuf battu si désiré. Cuire 15 minutes à 220 ºC (425 ºF). Réduire le feu à 180 ºC (350 ºF) et poursuivre la cuisson 30 minutes. Refroidir.

Congélation : refroidir complètement. Diviser en portions (pointes) si désiré, en enveloppant chaque pointe dans une pellicule plastique et une feuille d'aluminium ou dans des sacs plastique.

Décongélation : dans l'emballage au réfrigérateur.

Servir : réchauffer au four préchauffé à 180 ºC (350 ºF) environ 15 minutes.

Risotto aux champignons et au parmesan 6 portions

Temps de préparation : 15 minutes • Temps de cuisson : 25 minutes

Ingrédients

375 ml (1½ tasse) de riz arborio
1 petit oignon
2 gousses d'ail dégermées
15 ml (1 c. à soupe) d'huile d'olive (ou de beurre)
1 brin de thym ou de romarin
1 l (4 tasses) de bouillon de poulet réduit en sel (ou moitié fumet de poisson)
125 ml (½ tasse) de vin blanc
200 g (4 oz) de champignons de Paris ou autres (shiitake, sauvages)
15 ml (1 c. à soupe) de jus de citron
45 ml (3 c. à soupe) de crème
15 ml (1 c. à soupe) de beurre ou d'huile d'olive
Sel et poivre
125 ml (½ tasse) de parmesan frais râpé
30 ml (2 c. à soupe) de crème 10-15 % (facultatif)

Recette

Émincez l'oignon et les champignons et hachez finement 1 gousse d'ail. Déposer les champignons dans un bol et les arroser de jus de citron. Dans une casserole, faire suer les oignons dans l'huile ou le beurre. Ajouter les champignons. Cuire 5 minutes à feu moyen-doux. Verser le vin et le riz. Remuer. Cuire quelques minutes à feu moyen. Le vin absorbé, verser 250 ml (1 tasse) de bouillon. Réduire à moyen doux. Ajouter l'herbe choisie et 1 gousse d'ail hachée. Ajouter une 2e tasse de bouillon quand le riz aura presque tout absorbé le liquide. Remuer (environ 10 minutes). Goûter : le riz doit être encore croquant au centre (al dente). Refroidir hors du feu. Conserver le reste du bouillon et le congeler séparément.

Congélation : refroidir complètement. Congeler en portion et séparément dans un sac plastique ou un contenant le risotto, le demi-litre (2 tasses) de bouillon ainsi que le parmesan frais râpé.

Décongélation : dans l'emballage au réfrigérateur.

Servir : chauffer les 500 ml - 2 tasses de bouillon. Chauffer dans une casserole le risotto à feu moyen-doux. Verser 250 ml -1 tasse de bouillon et bien mélanger. Remuer et ajouter le reste de bouillon petit à petit à mesure que le riz l'absorbe ou jusqu'à ce qu'il soit tendre. Ajouter le parmesan et la crème en fin de cuisson. Mélanger. Goûter et rectifier l'assaisonnement. Accompagner ce plat de poulet cuit, de crevettes ou de pétoncles grillés accompagnés d'une salade.

Couscous aux fruits secs et fèves de soja (edamame)

4 portions

Temps de préparation : 15 minutes • Temps de cuisson : 10 minutes

Ingrédients
250 ml (1 tasse) de semoule fine
250 ml (1 tasse) de bouillon de poulet
15 ml (1 c. à soupe) d'huile d'olive
6 tomates séchées réhydratées
6 abricots secs
Quelques brins de persil frais
250 ml (1 tasse) de haricots de soja verts décortiqués surgelés*
Épices ou herbes au choix : menthe poivrée séchée ou fraîche ciselée
Cumin en poudre
Basilic séché ou frais ciselé
Pincée de cayenne (facultatif)
500 ml (2 tasses) de bouillon de légumes (ou de poulet)

Recette
Verser 250 ml (1 tasse) de bouillon de poulet bouillant sur la semoule. Laisser gonfler en recouvrant le chaudron. Détacher la semoule à la fourchette et verser l'huile d'olive. Refroidir. Hacher en lanières ou en dés les tomates séchées réhydratées, les abricots et très finement le persil. Les incorporer à la semoule avec les haricots surgelés. Saupoudrer de l'épice ou l'herbe choisie et mélanger. Refroidir.

Congélation : congeler le bouillon séparément du couscous aux légumes, en portions si désiré.

Décongélation : inutile de décongeler si on réchauffe au micro-ondes; dans l'emballage au réfrigérateur.

Servir : verser 250 ml - 1 tasse de bouillon chaud ou plus au goût sur le couscous égrené à la fourchette à mi-temps en le chauffant sur la cuisinière ou au micro-ondes. Servir chaud. Rectifier l'assaisonnement : saupoudrer d'herbes et d'épices au goût.

*Conseils : ces haricots croquants appelés « edamame », en japonais, sont faciles à trouver dans les épiceries asiatiques. Ils possèdent des qualités nutritives intéressantes aidant, comme la plupart des produits de soja, à abaisser le taux de cholestérol, sont une bonne source de fibres alimentaires et de calcium et aident à protéger contre le cancer et les maladies cardiaques.

Sauce rosée Gascon 4 à 6 portions

Temps de préparation : 15 minutes • Temps de cuisson : 15 minutes

Ingrédients
6 tranches de bacon
15 ml (1 c. à soupe) de beurre
1 poivron rouge en petits dés
5 à 6 tomates séchées en petits dés
500 ml (2 tasses) de crème à cuisson 35 %
60 ml (¼ de tasse) de vin blanc
60 ml (¼ tasse) de parmesan frais râpé

Accompagnement
Pâtes farcies au choix
Crème et parmesan
Basilic frais

Recette
Couper le bacon en petits morceaux. Les cuire à la poêle dans le beurre jusqu'à ce qu'ils soient croustillants. Ajouter les poivrons. Cuire à feu moyen-doux en remuant. Verser la crème quand les poivrons sont tendres. Ajouter les tomates séchées. Faire frémir quelques minutes. Ajouter le vin blanc. Remuer. Cuire encore quelques minutes sans jamais bouillir. Incorporer le parmesan à la sauce pour lier. Refroidir.

Congélation : refroidir complètement. Congeler en portions dans un contenant rigide ou un sac de congélation, à plat.

Décongélation : dans l'emballage au réfrigérateur.

Servir : cuire les pâtes farcies au choix. Les enrober de beurre si désiré. Réchauffer la sauce sur la cuisinière à feu doux en remuant ou au micro-ondes en ajoutant un peu de crème si nécessaire. Goûter et rectifier l'assaisonnement. Servir sur les pâtes bien chaudes. Offrir du parmesan supplémentaire et garnir d'une feuille de basilic frais. Accompagner d'une petite salade verte arrosée d'une vinai-grette citronnée.

Macaroni au fromage réconfortant de grand-maman

6 portions

Temps de préparation : 15 minutes • Temps de cuisson : 30 minutes

Ingrédients

454 g (8 oz) de macaroni (au choix)
2 œufs battus
625 ml (2 ½ tasses) de lait
6 tranches de pancetta cuites (ou 2-3 tranches de bacon)
750 ml (3 tasses) de cheddar râpé
Poivre noir moulu

Recette

Cuire les pâtes dans l'eau bouillante salée jusqu'à ce qu'elles soient al dente. Les rincer à l'eau froide. Battre les œufs dans un bol et ajouter le lait. Poivrer et réserver. Émietter le bacon ou la pancetta cuite et épongée dans un bol. Ajouter le fromage et les macaronis. Brasser délicatement pour mélanger les ingrédients. Répartir dans des plats huilés (barquettes individuelles - moule à pain) allant au four. Verser le mélange de lait. En ajouter un peu si nécessaire pour que les macaronis soient bien recouverts. Cuire environ 30 à 40 minutes (variable selon la profondeur des plats de cuisson utilisés) au four préchauffé à 180 °C (350 °F). Refroidir.

Congélation : refroidir complètement. Recouvrir chaque plat d'une pellicule plastique et d'une feuille d'aluminium.

Décongélation : dans l'emballage au réfrigérateur ou au micro-ondes.

Servir : réchauffer au four micro-ondes ou au four conventionnel. Servir avec des betteraves marinées ou nature ou encore avec un peu de ketchup ou de chutney maison. Une bonne salade de légumes frais accompagne bien ce plat réconfortant.

Variation : incorporer 15 à 30 ml (1 à 2 c. à soupe) de dés de jalapeños ou 45 ml (3 c. à soupe) d'oignons confits pour une toute nouvelle saveur.

Poivrons farcis au boulgour et au tofu grillé 8 portions

Temps de préparation : 15 minutes • Temps de marinade : 30 minutes • Temps de cuisson : 30 minutes

Ingrédients
4 gros poivrons rouges coupés en deux

Farce au boulgour (bulgur, boulghour)
180 ml (¾ tasse) de blé boulgour/ donne 3 tasses cuit
375 ml (1 ½ tasse) de bouillon de légumes
(ou de poulet réduit en sel ou d'eau)
250 ml (1 tasse) de tomates fraîches épépinées en dés
(ou l'équivalent en boîte)
30 ml (2 c. à soupe) de pâte de tomates
30 ml (2 c. à soupe) d'huile d'olive
2 gousses d'ail hachées finement
1 petit oignon haché finement

2 branches de céleri en dés
2,5 ml (½ c. à thé) de basilic séché
1 ml (¼ c. à thé) de cumin en poudre
1 pincée de chili
2,5 ml (½ c. à thé) d'origan séché
250 ml (1 tasse) de cubes de tofu ferme grillés

Garniture
375 ml (1½ tasse) de fromage râpé
60 ml (¼ tasse) de fromage parmesan râpé
125 ml (½ tasse) de bouillon (facultatif)

Conseils : remplacer le tofu grillé par l'un des ingrédients cuits suivants : haricots cuits, chair de saucisse, volaille ou viande hachée. Remplacer le chili et le cumin par un peu d'herbes de Provence ou vos herbes fraîches favorites.

Recette
Recette de base de tofu :
Suivre la recette à la page 219.
Poivrons farcis
Verser le boulgour dans 375 ml (1½ tasse) d'eau bouillante salée ou de bouillon. Retirer du feu. Ajouter l'huile d'olive et laisser gonfler à couvert. Blanchir les poivrons évidés 2 minutes et plonger dans l'eau froide. Réserver. Hacher les légumes finement. Les faire revenir dans l'huile chaude quelques minutes. Hors du feu, ajouter le boulgour, les cubes de tofu, l'origan et les épices. Mélanger les fromages. Huiler un plat allant au four. Farcir les piments et recouvrir de fromage.

Congélation : refroidir complètement les poivrons farcis non cuits. Conserver en portions dans des barquettes d'aluminium; les envelopper dans une pellicule plastique et une feuille d'aluminium ou utiliser des sacs de congélation.

Décongélation : dans l'emballage au réfrigérateur.

Servir : préchauffer le four à 180 ºC (350 ºF). Huiler un plat allant au four. Verser un fond de bouillon dans le plat si désiré. Déposer les poivrons. Cuire environ 15 à 30 minutes selon la cuisson désirée et jusqu'à ce que le fromage soit doré. Une fois cuits, les poivrons farcis sont conservés au réfrigérateur et se réchauffent bien au micro-ondes.

Tarte à l'oignon **6 portions**

Temps de préparation : 45 minutes • Temps de cuisson : 1 heure

Ingrédients
Pâte brisée (2 croûtes)
625 ml (2 ½ tasses) de farine tout usage
5 ml (1 c. à thé) de sel
10 ml (2 c. à thé) de sucre
250 ml (1 tasse) de cubes de beurre non salé
90 à 150 ml (6 à 10 c. à soupe) d'eau glacée

Ingrédients
Tarte à l'oignon
1 croûte de pâte brisée
1 moule à tarte de
25 cm - 10 po

pour 2 croûtes de 25,4 - 28 cm (10 - 11 po) ou 12 x 11,4 cm — (4 ½ po) croûtes ou 24 tartelettes de 3,8-5cm — (1 ½ à 2 po), diviser la recette ou congeler l'autre boule de pâte

Recette
Abaisse
Au robot : déposer les ingrédients secs. Ajouter le beurre en petits dés et pulser. Verser un peu d'eau glacée par la cheminée. Pulser plus longuement jusqu'à ce que la pâte se forme, qu'elle se tienne lorsque vous la pressez. Ajouter un peu d'eau glacée si elle demeure sèche ou trop grumeleuse. Former un disque plat. Réfrigérer 1 heure ou toute la nuit, en l'enveloppant hermétiquement. La pâte peut être congelée à cette étape et décongelée ensuite la veille (1 nuit) au réfrigérateur. Abaisser au rouleau à pâte le disque chambré (laissé à la température de la pièce 10-15 minutes). Si elle ne s'abaisse pas bien, attendre encore un peu en la couvrant d'une pellicule plastique. Former une abaisse ou découper des cercles selon la taille désirée.

À la main : former un puits au centre de la farine déposée dans un saladier. Utiliser 2 couteaux ou un coupe-pâte et suivre les étapes précédentes. Former un disque sur une pellicule plastique. Et envelopper. Réfrigérer 2 heures ou congeler en prenant soin de diviser en portions. Congeler la croûte non utilisée si vous ne doublez pas la recette.

Précuisson de l'abaisse de pâte brisée
Préchauffer le four à 190 ºC (375 ºF). Piquer l'abaisse un peu partout avec une fourchette. Déposer une feuille d'aluminium ou parchemin sur la croûte à tarte; la faire déborder. Déposer du riz, des fèves ou des poids de cuisson dans le fond. Cuire 15 à 20 minutes jusqu'à ce que le bord commence à peine à dorer. Retirer les poids et le papier. Cuire encore 5 à 8 minutes ou jusqu'à ce que le fond de tarte soit presque sec. Refroidir complètement sur une grille avant de garnir. Pour une cuisson complète de la croûte, cuire en 2e étape 5 à 8 minutes jusqu'à ce que le fond soit bien cuit et sec. Refroidir complètement sur une grille.

Garniture
45 ml (3 c. à soupe) de beurre
15 ml (1 c. à soupe) d'huile végétale
5 oignons jaunes émincés
1 gros œuf + 2 jaunes
250 ml (1 tasse) de crème 15 %
1 bonne pincée de muscade râpée
Sel et poivre noir du moulin

Garniture à l'oignon
Trancher les oignons en rondelles minces. Les cuire à feu moyen-doux dans le beurre et l'huile pendant 20 à 25 minutes en remuant de temps à autre. Réserver. Mélanger la crème et les œufs. Saler et poivrer et saupoudrer de muscade si désiré. Déposer les oignons cuits dans l'abaisse précuite et refroidie. Verser le mélange d'œuf. Cuire au four préchauffé à 190 ºC (375 ºF) 30 à 40 minutes ou jusqu'à ce que la garniture soit ferme sous le doigt. Refroidir.

Congélation: refroidir complètement. Diviser en portions (pointes) si désiré, en les enveloppant dans une pellicule plastique et une feuille d'aluminium ou dans des sacs plastique.

Décongélation: dans l'emballage au réfrigérateur.

Servir : réchauffer au four préchauffé à 180 ºC (350 ºF) et enfourner environ 15 minutes. Éviter le micro-ondes.

Quiche aux asperges 6 portions

Temps de préparation : 35 minutes • Temps de cuisson : 30 minutes

Ingrédients
1 abaisse de tarte (23 cm - 9 po) au choix :
(pâte à tarte de base ou pâte brisée) (voir p. 210 et 213)

Garniture
125 ml (½ tasse) de crème à cuisson 35 %
125 ml (½ tasse) de lait
3 gros œufs
½ botte d'asperges fraîches
125 ml (½ tasse) de gruyère
Pincée de graines de carvi moulues (facultatif) ou
Sel et poivre noir moulu

Recette
Préchauffer le four à 375 ºF (190 ºC). Précuire une abaisse de pâte à tarte au choix piquée à la fourchette 10 à 15 minutes jusqu'à ce qu'elle soit sèche. Refroidir complètement. Trancher la base coriace des asperges et les peler. Cuire les asperges al dente dans l'eau bouillante salée. Égoutter. Couper en morceaux de 2,5 cm (1 po) environ. Battre les œufs avec le lait et la crème. Mettre les asperges dans la croûte refroidie et verser le mélange. Ajouter le fromage râpé. Poivrer ou saupoudrer d'une pincée de graines de carvi moulue. Cuire 25 et 30 minutes ou jusqu'à ce que le centre soit ferme ou qu'un cure-dent inséré au centre de la quiche en ressorte propre. Refroidir sur une grille.

Congélation : refroidir complètement. Diviser en portions (pointes) si désiré, en les enveloppant dans une pellicule plastique et d'une feuille d'aluminium ou dans des sacs plastique.

Décongélation : dans l'emballage au réfrigérateur.

Servir : réchauffer au four préchauffé à 180 ºC (350 ºF) environ 15 minutes. Éviter le micro-ondes.

Notes : cette recette peut très bien être doublée pour faire des provisions.

Spaghettis à la sauce aux légumes 4 portions

Temps de préparation : 10 minutes • Temps de cuisson : 60 minutes

Ingrédients

500 g (16 oz) de spaghettis ou spaghettinis
Sauce à spaghetti de base aux légumes (voir p. 217)

Recette

Suivre les étapes de la recette à la page 217.

Cuire les pâtes al dente. Toutefois, il est préférable de cuire les spaghettis au moment de servir, dans une eau bouillante (1 litre - 4 tasses) additionnée de sel (moins de 8 à 10 minutes).

Congélation : congeler la sauce et les pâtes séparément dans des contenants ou des sacs de congélation, en portions.

Décongélation : la veille dans l'emballage au micro-ondes ou au réfrigérateur.

Servir : réchauffer la sauce au micro-ondes ou sur la cuisinière. Servir la sauce très chaude sur les pâtes chaudes, passées au micro-ondes ou plongées dans un bain d'eau bouillante. Accompagner d'une salade verte.

Pois chiches épicés 4 portions

Temps de préparation : 15 minutes • Temps de cuisson : 5 minutes

Ingrédients
500 ml (2 tasses) de pois chiches cuits
30 ml (2 c. à soupe) d'huile d'olive
2,5 ml (½ c. à thé) de mélange d'épices*
2,5 ml (½ c. à thé) d'origan séché
30 ml (2 c. à soupe) d'oignon rouge haché finement
30 ml (2 c. à soupe) de persil frais haché finement
15 ml à 30 ml (1 à 2 c. à soupe) de jus de citron
Sel et poivre

Recette
Refroidir les légumineuses si vous les avez fait cuire après le trempage. Frotter les pois chiches entre les mains pour en détacher la pelure si désiré. (Travailler au-dessus de l'évier pour pouvoir secouer vos mains au fur et à mesure et jeter les pelures amassées.) Mélanger tous les ingrédients dans un bol pour bien imprégner les pois chiches. Saler et poivrer au goût.

Congélation : congeler en portions dans des sacs de congélation à plat ou dans des contenants rigides.

Décongélation : dans l'emballage au réfrigérateur ou au micro-ondes.

Servir : chambré ou froid. Goûter et rectifier l'assaisonnement. Servir en lunch et pique-nique avec du chou-fleur ou du brocoli cuit à la vapeur ou dans une salade verte. Ils peuvent être mélangés à de la semoule de blé (couscous) ou à un mélange de riz de grains entiers.

*Conseils : Le « mélange d'épices » que l'on retrouve dans le commerce est composé de cannelle, de clou de girofle, de gingembre et de noix de muscade et parfois d'anis étoilé. Il est souvent utilisé pour aromatiser plats de viande et desserts. Cette recette peut facilement être doublée.

Carottes rôties à l'érable aromatisées au fenouil

4 portions

Temps de préparation : 15 minutes • Temps de cuisson : 30 minutes

Ingrédients
6 carottes biologiques moyennes
15-30 ml (1 à 2 c. à soupe) de gras de canard
15 ml (1 c. à soupe) de sirop d'érable
1 ml (¼ c. à thé) de fenouil broyé

Recette
Trancher de biais les carottes brossées et lavées. Les recouper au centre si elles sont grosses. Les disposer dans un plat allant au four. Parsemer de gras de canard. Préchauffer le four à 180 ºC (350 ºF). Cuire à découvert 15 minutes. Retourner les carottes avec des pinces. Arroser de sirop d'érable et saupoudrer de fenouil broyé. Cuire encore 15 minutes en les retournant à mi-temps. Refroidir.

Congélation : refroidir complètement. Congeler avec le gras fondu en portions dans des sacs de congélation ou des contenants rigides.

Décongélation : dans l'emballage au réfrigérateur.

Servir : réchauffer en les passant sous le gril du four quelques minutes, en les retournant avec des pinces quelques fois tout en surveillant. Tiédir quelques minutes avant de servir comme légumes d'accompagnement avec un poisson grillé, une volaille ou une grillade. Elles peuvent aussi être réchauffées à feu doux sur la cuisinière ou au micro-ondes.

Lasagne au tofu **4 portions**

Temps de préparation : 10 minutes • Temps de cuisson : 30 minutes

Ingrédients
Lasagne
9 pâtes à lasagne précuites
750 ml à 1 l (3-4 tasses) de sauce au tofu
175 ml (¾ tasse) d'eau filtrée
500 à 750 ml (2 à 3 tasses) de brocolis (ou choux-fleurs ou épinards surgelés)
500 ml (2 tasses) de fromage râpé
(mozzarella ou un mélange cheddar-brick ou gruyère)
125 ml (½ tasse) de parmesan râpé

Sauce au tofu
1 recette de sauce de base aux légumes (voir, p. 217)
350 g à 450 g (env. 12 à 14 oz) de tofu ferme nature ou grillé (voir, p. 219)

> **Variation :** Incorporer une couche des lentilles cuites (250 ml - 1 tasse) entre les pâtes.

Recette
Sauce au tofu
Égrener 350 g à 450 g (env. 12 à 14 oz) de tofu ferme. L'incorporer au mélange cru de la sauce de base aux légumes. Suivre ensuite les étapes pour la cuisson.

Lasagne
Préchauffer le four à 180 ºC (350 ºF). Verser un peu d'huile d'olive dans un faitout. Sauter les légumes quelques minutes. Mélanger l'eau et la sauce et en verser le tiers dans un plat allant au four (de la longueur des lasagnes). Hacher finement les brocolis blanchis et refroidis (ou décongelés et épongés) au robot ou à la main. Déposer 3 lasagnes et verser de la sauce et la moitié des brocolis. Saupoudrer de fromage râpé. Ajouter 3 autres lasagnes et répéter avec du parmesan. Déposer les autres lasagnes et garnir de la même façon en terminant avec le reste du fromage râpé. Couvrir d'une feuille d'aluminium. Enfourner 25 à 30 minutes pour une lasagne à congeler. Refroidir.

Congélation : refroidir complètement. Congeler en portions.

Décongélation : la veille, dans l'emballage au réfrigérateur.

Servir : réchauffer au four ou au micro-ondes. Préchauffer le four à 180 ºC (350 ºF). Couvrir et cuire 15 minutes. Découvrir et poursuivre la cuisson 15 minutes de plus. Dorer le fromage en passant sous le gril si désiré. Servir avec une salade verte accompagnée d'une vinaigrette simple au vinaigre balsamique et à l'huile d'olive extravierge.

Tarte à la crème de framboises ... 178

Pouding au pain dattes-bananes aromatisé au brandy ... 180

Tarte aux pommes rustique ... 181

Meringues 2 tons ... 182

Profiteroles à la crème glacée ... 183

Baba au rhum ... 184

Biscuits sablés au caramel ... 185

Croustade aux fruits exotiques ... 186

Crêpes classiques aux pommes caramélisées au sirop d'érable ... 187

Gâteau à la citrouille ... 188

Pain aux dattes et noix aromatisé au café ... 189

Miche de pain aux noisettes et aux raisins (sans levure) ... 190

Pêches au sirop de lavande et sorbet citron ... 191

Gâteau renversé aux ananas ... 191

Muffins aux bananes et chocolat ... 192

Gâteau au fromage et bleuets sauvages ... 193

Brioches pause-café à la cannelle et aux pacanes ... 194

Petits « biscuits » anglais au lait de beurre ... 195

Gâteau au chocolat à la crème glacée ... 196

Gâteau au citron et compote de pommes canneberges gingembre ... 198

Foccacia classique ... 199

Pain à la semoule de maïs et cheddar ... 200

Tarte aux poires vanillées canneberges et chocolat ... 201

Petits pains au chèvre, tomates séchées et olives ... 202

Pets de soeurs au miel et à l'eau de fleur d'oranger ... 204

Banana split ... 205

Coupe de sorbet à l'ananas garnie d'un coulis de mangue
et au fruit de la passion ... 206

Sunday au caramel au beurre salé ... 207

Desserts et boulangerie

Tarte à la crème de framboises 6 à 8 portions ou 12 tartelettes

Temps de préparation : 50 minutes • Temps de cuisson : 45 minutes

Ingrédients
Pâte sablée sucrée (voir, p. 212)
(diviser la recette en 2 ou congeler une moitié)

Crème aux framboises
(pour 1 tarte, 12 tartelettes)
250 ml (1 tasse) de crème à fouetter 35 %
15 ml (1 c. à soupe) de sucre granulé
1 ml (¼ c. à thé) d'extrait de vanille pure
125 g (4,5 oz) de fromage à la crème
500 ml (2 tasses) de framboises
(fraîches ou congelées)
60 ml (¼ tasse) de miel

Recette
Pâte brisée
Suivre les étapes de la recette. Foncer le moule à tarte avec la pâte brisée sucrée. Cuire complètement la pâte au four préchauffé à 190 ºC (375 ºF) jusqu'à ce que le fond soit bien cuit et sec (cuisson « à blanc »). Refroidir complètement sur une grille.
Voir pour une croûte complètement cuite à la page 212
Garniture de crème aux framboises
Décongeler à demi les framboises. Fouetter la crème liquide froide dans un bol préalablement réfrigéré. Ajouter le sucre et la vanille. Fouetter jusqu'à ce qu'elle forme des pics. Conserver au réfrigérateur. Ramollir le fromage au micro-ondes. Fouetter au mélangeur électrique le fromage pour le rendre crémeux et y ajouter les framboises et le miel. Ajouter la crème fouettée en 3 ou 4 fois et bien mélanger en mélangeant à vitesse réduite. Garnir une abaisse de tarte cuite ou des tartelettes individuelles.

Congélation : congeler la tarte entièrement refroidie ou emballer séparément dans un sac de congélation ou un contenant. Les abaisses se congèlent crues ou cuites sans garnitures.

Décongélation : ne pas décongeler.

Servir : tempérer hors du réfrigérateur 5 à 10 minutes avant de servir.

Pouding au pain dattes-bananes aromatisé au brandy

6 portions

Temps de préparation : 20 minutes • Temps de cuisson : 1 heure

Ingrédients

Version aux dattes et brandy
250 ml (1 tasse) de dattes hachées
60 ml (¼ de tasse) de brandy (ou d'eau)
325 g (½) pain au choix
3 œufs
375 ml (1 ½ tasse) de lait
125 ml (½ tasse) de cassonade tassée
5 ml (1 c. à thé) d'extrait de vanille pure
125 ml (½ tasse) environ 1 banane tranchée

Garniture
2,5 ml (½ c. à thé) de noix de muscade
15 ml (1 c. à soupe) de sucre granulé

Version biologique au lait de soja et raisin
325 g ½ pain au choix
375 ml (1½ tasse) de lait de soja à la vanille
125 ml (½ tasse) de sucre demarara
3 œufs
1 ml (¼ c. à thé) d'extrait de vanille pure
125 ml (½ de tasse) de raisins secs dorés
125 ml (½ tasse) environ 1 banane tranchée

Garniture
2,5 ml (½ c. à thé) de noix de muscade
15 ml (1 c. à soupe) de sucre granulé

Recette

Laisser rancir les tranches de pain quelques jours, ou étaler sur une plaque de cuisson et laisser environ 10 minutes au four préalablement chauffé à 190 ºC (375 ºF). Tiédir hors du four et couper en cubes. Tremper les dattes dans le brandy (ou l'eau) chaud 1 heure. Mélanger le sucre et la muscade dans un petit bol. Réserver. Battre les œufs avec le lait et la vanille dans un grand bol. Ajouter la cassonade et mélanger pour qu'elle se dissolve. Incorporer les cubes de pain, les tranches de bananes et les dattes.
Beurrer un plat de cuisson (taille suggérée : 21,4 cm x 15 cm x 4,6 cm (8,5 po x 6 po x 2 po). Verser le mélange. Saupoudrer le sucre à la muscade. Déposer le plat dans une rôtissoire. Verser de l'eau bouillante à mi-hauteur. Cuire 45 à 50 minutes ou jusqu'à ce que le mélange aux œufs soit bien pris. Refroidir.

Congélation : diviser en portions si désiré avant de congeler.

Décongélation : dans l'emballage au réfrigérateur ou au micro-ondes.

Servir : réchauffer au micro-ondes ou au four préchauffé à 180 ºC (350 ºF) 10 à 15 minutes.

Conseils : Vous pouvez doubler la recette de l'une ou l'autre version. Suivre la même procédure pour la version au lait de soja.

Tarte aux pommes rustique **12 portions**

Temps de préparation : 30 minutes • Temps de cuisson : 1 heure

Ingrédients
Pâte à tarte maison (voir, p. 210)

Garniture
6-7 pommes Granny Smith
30 ml (2 c. à soupe) de jus de citron
80 ml (⅓ de tasse) de sucre granulé
5 ml (1 c. à thé) de cannelle
30 ml (2 c. à soupe) de beurre mi-salé

Croustade
180 ml (¾ tasse) de farine (au choix)
125 ml (½ tasse) de beurre mi-salé
250 ml (1 tasse) de pacanes

Variation : Vous pouvez façonner la pâte en strudel, comme le montre la photo.

Recette
Croûte : Suivre les étapes de la recette de la page 210.

Garnitures : Peler les pommes, enlever le cœur et couper de la taille qui vous plaît. Arroser de jus de citron. Mélanger dans un petit bol le beurre, la cannelle et le sucre. Réserver. Hacher les pacanes grossièrement et les mélanger aux ingrédients de la croustade. Réserver. Préchauffer le four à 230 ºC (450 ºF). Abaisser la pâte sur une surface légèrement enfarinée de façon à obtenir un cercle (ou un rectangle) d'environ 12 po. Déposer l'abaisse sur une plaque à pizza ou sur une plaque à biscuits. Déposer les pommes en couches au centre en laissant une bordure d'environ 5 cm (2 po). Saupoudrer de mélange de beurre-cannelle-sucre. Rabattre la bordure de pâte sur la garniture. Ajouter la croustade par-dessus. Cuire 10 à 15 minutes à température élevée et réduire la température du four à 190 ºC (375 ºF), en ouvrant la porte pour faire baisser la température, et cuire jusqu'à ce que les pommes soient tendres et la croustade dorée. Refroidir hors du four.

Congélation : refroidir complètement. Congeler en 4 portions si désiré. Découper des morceaux de cartons pour solidifier les portions.

Décongélation : dans l'emballage au réfrigérateur ou à température de la pièce. Éviter le micro-ondes.

Servir : à température de la pièce ou réchauffer au four préchauffé à 180 ºC (350 ºF) environ 10 minutes. Servir avec de la crème ou un yogourt glacé à la vanille ou de la crème Chantilly.

Meringues 2 tons 36 portions

Temps de préparation : 10 minutes • Temps de cuisson : 2 heures

Ingrédients
5 blancs d'œufs
125 ml (½ tasse) de sucre granulé
1 ml (¼ c. à thé) d'essence d'amandes
Pincée de sel
5 ml (1 c. à thé) de poudre de cacao pur (facultatif)
Colorant alimentaire (facultatif)

Recette
Tempérer les blancs d'œufs 30 minutes au moins avant de les cuisiner. Préchauffer le four à 120 ºC (250 ºF). Monter les blancs en neige ferme au mélangeur électrique avec une pincée de sel. Ajouter le sucre et l'essence d'amandes. Batter jusqu'à ce que des pics se forment. Réserver la moitié du mélange. Ajouter environ 5 ml - 1 c. à thé de poudre chocolat à l'autre moitié et fouetter.

Transvider les mélanges dans des pochettes à douille ou utiliser une petite cuillère. Sur une plaque de cuisson recouverte d'une feuille de papier parchemin, former des petits capuchons ronds de 2,5 cm (1 po) de meringue blanche ou au chocolat ou 2 tons. Cuire environ 1 h 30 à 2 heures. Refroidir.

Congélation : refroidir complètement. Congeler les meringues à découvert puis les déposer dans un sac de plastique (entreposer sur le dessus des denrées de votre congélateur) ou dans un contenant rigide.

Décongélation : ne pas décongeler (certains les aiment ainsi). Elles se conserveront à température ambiante dans un emballage hermétique à l'abri de l'humidité.

Servir : servir tel quel, en garniture avec de la crème ou du yogourt glacés.

Conseils : former des disques de meringues d'environ 5 cm (2 po). Elles pourront alors recevoir une garniture crémeuse, comme de la mousse au chocolat, une glace au choix, garnies de noix ou fruits séchés hachés ou d'un petit fruit frais.

Profiteroles à la crème glacée

24 à 32 portions

Temps de préparation : 45 minutes • Temps de cuisson : 25 minutes

Ingrédients
Pâte à choux de base (voir, p. 214)
250 ml (1 tasse) d'eau filtrée
125 ml (½ tasse) de beurre
250 ml (1 tasse) de farine tout usage
¼ c. à thé de sel
4 œufs

Garnitures
Crème glacée à la vanille au chocolat
ou aux fruits

Ganache au chocolat noir
1 carré (14 g-1 oz) de chocolat mi-sucré
30 ml (2 c. à soupe) de sucre à glacer
15 ml (1 c. à soupe) de crème 15 %

Recette
Choux : Suivre les étapes de la recette de la page 214. Couper les choux refroidis et enlever la pâte non cuite à l'intérieur. Glacer les dessus de ganache au chocolat à l'aide d'une petite spatule, d'un pinceau ou du dos d'une cuiller. Laisser prendre. Réserver. Farcir les choux de crème glacée et couvrir du chapeau glacé.

Ganache : Faire fondre le chocolat dans un bol au micro-ondes ou au bain-marie. Ajouter le sucre et la crème. Bien mélanger.

Congélation : refroidir complètement les choux glacés. Congeler à part si désiré la ganache au chocolat, les choux nature et la crème glacée pour faire le montage plus tard. Congeler rapidement et à découvert les choux garnis. Emballer en portions. Disposer dans un contenant rigide.

Décongélation : décongeler les choux non garnis dans l'emballage au réfrigérateur. La ganache peut se décongeler à température ambiante ou au micro-ondes.

Servir : sortir les choux farcis du congélateur au moment de dresser l'assiette et servir immédiatement. Vous pouvez aussi tempérer les choux non farcis 30 à 45 minutes et les farcir au moment de servir.

Conseils : les choux peuvent être saupoudrés de sucre à glacer si vous ne désirez pas les glacer de chocolat. La crème pâtissière classique peut être utilisée mais ne peut être congelée.

Baba au rhum 8 à 10 portions

Temps de préparation : 15 minutes • Temps de cuisson : 18 à 25 minutes

Ingrédients

Gâteau

3 gros œufs
125 ml (½ tasse) de sucre à glacer
95 ml (⅛ tasse + 1 c.à soupe) de lait chaud
Quelques gouttes d'extrait de vanille pure
175 ml (¾ de tasse) de farine tout usage
60 ml (¼ de tasse) de beurre non salé (plus pour le moule)
10 ml (2 c. à thé) de poudre à pâte
1 pincée de sel
Beurre pour le moule

Sirop aromatisé

500 ml (2 tasses) d'eau filtrée
2,5 ml (½ c. à thé) d'extrait de vanille pure
125 ml (½ tasse) de sucre
90 ml (6 c. à soupe) de rhum, brandy ou cognac

Recette

Gâteau : Préchauffer le four à 200 ºC (400 ºF). Beurrer et fariner deux petits moules à pain de 15 cm x 8 cm - 6 po x 3 po ou un moule régulier ou un moule rond à cheminée. Fouetter dans un bol 3 jaunes d'œufs avec le sucre jusqu'à ce que le mélange pâlisse et soit onctueux, soit 5 à 10 minutes selon votre habileté. Dans deux bols différents, mélanger la farine, la poudre à pâte et le sel et la vanille au lait. Verser le lait chaud sur les œufs puis la farine et enfin le beurre mou. Mélanger. Dans un autre bol, monter les trois blancs d'œufs en neige au mélangeur électrique avec une pincée de sel. Les ajouter délicatement à la pâte en pliant. Remplir les moules rapidement. Enfourner et cuire environ 18 minutes (environ 25 minutes pour de plus grand moule) ou jusqu'à ce qu'un cure-dent au centre en ressorte propre. Refroidir sur une grille ou non si vous les arrosez de sirop.

Sirop : Porter l'eau à ébullition dans une casserole. Ajouter le sucre. Brasser pour le faire fondre. Ajouter la vanille hors du feu et l'alcool. Verser sur les gâteaux chauds en petites quantités à la fois jusqu'à saturation.

Congélation : refroidir complètement. Congeler les gâteaux imbibés de sirop dans leur plat ou les transférer dans un sac de congélation. Vous pouvez les congeler séparément.

Décongélation : dans l'emballage au réfrigérateur.

Servir : préchauffer le four à 175 ºC (350 ºF). Réchauffer le baba dans son moule environ 15 minutes. Garnir de crème Chantilly et décorer de petits fruits (traditionnellement de fruits confits).

Biscuits sablés au caramel

24 à 36 portions

Temps de préparation : 20 minutes • Temps de cuisson : 8 minutes

Ingrédients

500 ml (2 tasses) de farine tout usage
2,5 ml (½ c. à thé) de poudre à pâte
2,5 ml (½ c. à thé) de sel
2,5 ml (½ c. à thé) d'extrait de vanille pure
165 g (¾ tasse) de beurre non salé
250 ml (1 tasse) de sucre granulé
1 gros œuf battu
180 ml (¾ tasse) de brisures de caramel Skor

Recette

Tamiser les ingrédients secs ensemble. Mélanger le beurre à la cuillère de bois avec le sucre jusqu'à ce que le sucre commence à fondre et que le mélange soit crémeux. Ajouter l'œuf. Mélanger. Incorporer la farine en 3 fois. Ajouter les brisures de caramel et bien répartir. Déposer la pâte sur une feuille de film plastique ou de papier ciré et former un boudin. Couper en 2 rouleaux si désiré.

Congélation : pas besoin de refroidir. Envelopper les rouleaux de biscuits dans une pellicule plastique en refermant les extrémités en papillote et doubler d'une feuille d'aluminium ou conserver dans un sac de congélation.

Décongélation : décongeler 30 minutes à 1 heure dans l'emballage au réfrigérateur pour faciliter la coupe.

Servir : préchauffer le four 180 ºC (350 ºF). Couper des tranches de 1,25 cm- ½ po d'épaisseur au couteau (passez-le sous l'eau pour que ce soit plus facile). Déposer les biscuits sur une plaque de cuisson recouverte d'une feuille de papier parchemin non graissée. Espacer les biscuits (2,5 cm-1 po). Cuire au four environ 8 minutes selon l'épaisseur. Refroidir sur une grille.

Croustade aux fruits exotiques **8 portions**

Temps de préparation : 30 minutes • Temps de cuisson : 45 minutes

Ingrédients
Fruits

500 ml (2 tasses) d'ananas frais en morceaux
375 ml (1 ½ tasse) de mangues en cubes
125 ml (½ tasse) de bananes en morceaux
45 ml (3 c. à soupe) de jus de lime
15 ml (1 c. à soupe) de tapioca fin (« minute »)
15 ml (1 c. à soupe) de sucre granulé

Croustade

250 ml (1 tasse) de noix de coco fraîche râpée
15 ml (1 c. à soupe) de sucre granulé
60 ml (¼ tasse) de noix hachées au choix (arachides, pacanes, avelines, ou de cajou)
125 ml (½ tasse) de farine tout usage tamisée
125 ml (½ tasse) de cassonade tassée
15 ml (1 c. à soupe) de sucre granulé
95 ml (⅓ tasse + 1 c. à soupe) de beurre froid

Recette

Préchauffer le four à 190 ºC (375 ºF). Griller à feu doux la noix de coco avec 15 ml -1 c. à soupe de sucre et hacher les noix. Réserver. Mélanger les fruits coupés en morceaux dans un plat carré (20 cm - 8 po) et les arroser de jus de lime. Mélanger le tapioca avec le sucre. Saupoudrer ce mélange sur les fruits et mélanger délicatement. Couper le beurre en très petits dés au couteau. Mélanger les sucres avec la farine. Y ajouter le beurre et mélanger en recoupant au couteau ou coupe-pâte tout en gardant le mélange grumeleux. Ajouter les noix. Mélanger. Couvrir les fruits de la croustade. Cuire 45 minutes. Refroidir.

Congélation : refroidir complètement. Diviser en portions si désiré.

Décongélation : dans l'emballage au réfrigérateur ou à température de la pièce.

Servir : froid ou réchauffé au four préchauffé à 175 ºC (350 ºF) environ 15 minutes ou au micro-ondes. Accompagner de crème glacée ou de yogourt à la vanille.

Crêpes classiques aux pommes caramélisées au sirop d'érable

10 portions

Temps de préparation : 10 minutes • Temps de cuisson : 15 minutes

Ingrédients
Crêpes
250 ml (1 tasse) de farine tout usage non blanchie

2,5 ml (½ c. à thé) de bicarbonate de sodium

5 ml (1 c. à thé) de poudre à pâte

1 petite pincée de sel

1 ml (¼ c. à thé) d'extrait de vanille

Pincée de muscade ou de cannelle

1 œuf battu

15 ml (1 c. à soupe) d'huile de noisette

250 ml (1 tasse) de lait de beurre réduit en matières grasses

15 à 30 ml (1 à 2 c. à soupe) de protéines de petit-lait (facultatif)

Accompagnement
Pommes caramélisées au sirop d'érable
15 ml (1 c. à soupe) de beurre salé

2 pommes jaunes Délicieuses

125 ml (½ tasse) de sirop d'érable

60 ml (¼ tasse) de noix hachées (pacanes ou Grenoble)

Pincée de noix de muscade râpée

Recette
Crêpes
Mélanger les ingrédients secs dans un bol. Ajouter l'œuf battu. Mélanger au fouet en versant le lait de beurre, la vanille, la muscade et l'huile. Chauffer une poêle antiadhésive à feu moyen. Verser 30 ml (2 c. à soupe) de mélange et étendre en formant un cercle d'environ 12-15 cm (5-6 po). Retourner à l'aide d'une spatule au moment où la pâte commence à cuire sur le dessus (des bulles se seront formées). Refroidir sur une grille ou sur une assiette recouverte d'une feuille de papier ciré ou parchemin. Cuire toutes les crêpes.

Pommes caramélisées
Peler les pommes, enlever le cœur et les couper en dés (moins de 2,5 cm-1po). Griller les noix hachées à sec dans une poêle anti-adhésive. Réserver. Faire fondre le beurre. Ajouter les pommes et le sirop dans la poêle. Cuire en remuant délicatement environ 8 minutes ou jusqu'à ce que les pommes soient tendres. Saupoudrer de muscade si désiré et ajouter les noix. Refroidir.

Congélation : congeler les crêpes refroidies à part de la garniture et à découvert sur une plaque à cuisson. Les emballer dans des sacs de congélation en portions en les séparant d'une feuille de papier ciré. Congeler les pommes caramélisées en portions.

Décongélation : il n'est pas nécessaire de décongeler les crêpes. Pour la garniture, conserver dans l'emballage et décongeler au réfrigérateur ou au micro-ondes.

Servir : une fois les crêpes réchauffées, servir avec les pommes caramélisées chaudes réchauffées au micro-ondes ou sur la cuisinière.

Variations : utiliser 180 ml (¾ tasse) de farine de kamut et 60 ml (¼ tasse) de farine 6 grains. L'ajout de protéines en poudre rend ces crêpes encore plus nourrissantes. Des garnitures salées, au moment du service, œufs à la coque hachés ou tournés, fromage-jambon ou autres combinaisons sont de succulentes variantes pour le petit-déjeuner ou le brunch improvisé. Pour des crêpes classiques, garnir de fruits frais en morceaux à température de la pièce, napper de sirop d'érable, de coulis de fruits ou de sauce au chocolat.

Gâteau à la citrouille 12 portions

Temps de préparation : 30 minutes • Temps de cuisson : 45 minutes

Ingrédients

Gâteau

250 ml (1 tasse) de beurre non salé
625 ml (2½ tasses) de farine tout usage
2,5 ml (½ c. à thé) de sel de mer fin
10 ml (2 c. à thé) de poudre à pâte
5 ml (1 c. à thé) de bicarbonate de sodium
15 ml (1 c. à soupe) de mélange d'épices*
4 gros œufs
325 ml (1 ½ tasse) de purée de citrouille décongelée

Glaçage au beurre épicé et aux noix

250 ml (1 tasse) de beurre non salé
250 g (8 oz) de fromage à la crème
500 ml (2 tasses) de sucre à glacer
2,5 ml (½ c. à thé) de mélange d'épices*
500 ml (2 tasses) de noix hachées (Grenoble ou pacanes)

*Mélange d'épices

20 ml (4 c. à thé) de cannelle
5 ml (1 c. à thé) chacun de piment de la Jamaïque,
de gingembre et de noix de muscade moulus
1 ml (¼ c. à thé) de clou de girofle

Recette

Gâteau : Préchauffer le four à 180 ºC (350 ºF). Graisser et enfariner 2 moules ronds de 23 cm (9 po). Doubler le fond de 2 cercles de papier ciré ou parchemin. Mélanger les épices. Réserver. Tamiser ensemble les ingrédients secs. Fouetter dans un grand bol le sucre et le beurre au mélangeur électrique en ajoutant 1 œuf à la fois. Bien mélanger à vitesse réduite. Ajouter la purée de citrouille décongelée. Incorporer le mélange de farine en 3 à 4 additions. Distribuer dans les 2 moules. Cuire 45 minutes ou jusqu'à ce qu'un cure-dent en ressorte propre. Tiédir et démouler en passant un couteau si nécessaire le long des parois du moule. Enlever la feuille de papier et déposer sur une grille. Refroidir.

Garniture : Chambrer le fromage et le beurre au préalable. Ramollir le fromage au micro-ondes. Dans un bol, fouetter au mélangeur électrique le beurre avec le fromage en ajoutant le sucre à glacer en petites quantités à la fois. Ajouter le mélange d'épices et bien mélanger. Glacer le dessus du premier gâteau. Déposer le second par-dessus. Glacer le dessus et les côtés à l'aide d'une spatule. Garnir de noix hachées en pressant avec les mains. Saupoudrer d'épices si désiré.

Congélation : refroidir complètement. Les gâteaux et le glaçage peuvent se congeler séparément. Il peut être pratique d'emballer des portions individuelles toutes prêtes pour un pique-nique improvisé.

Décongélation: dans l'emballage au réfrigérateur ou à température de la pièce environ 1 heure.

Servir : servir chambré avec votre thé ou café préféré ou un verre de lait.

Conseil : la solution parfaite pour recyclage de la citrouille d'Halloween !

Pain aux dattes et noix aromatisé au café

8 portions

Temps de préparation : 20 minutes • Temps de cuisson : 30 minutes

Ingrédients

5 ml (1 c. à thé) de bicarbonate de sodium
200 ml (¾ tasse) de café fort bouillant (ou d'eau)
375 ml (1½ tasse) de dattes hachées
300 ml (1¼ tasse) de farine tout usage
5 ml (1 c. à thé) de poudre à pâte
5 ml (1 c. à thé) de sel
1 œuf battu
180 ml (¾ tasse) de cassonade tassée
2,5 ml (½ c. à thé) d'extrait de vanille pure
60 ml (¼ tasse) de beurre mou
180 ml (¾ tasse) d'amandes hachées (ou autre)

Recette

Graisser et enfariner un moule à pain moyen (20 cm - 8 po). Préchauffer le four à 180 ºC (350 ºF). Dissoudre le bicarbonate dans le café bouillant et y faire tremper les dattes hachées 30 minutes. Tamiser les ingrédients secs. Dans un bol, mélanger au batteur électrique la cassonade, le beurre, la vanille et l'œuf. Fouetter pour que le mélange soit crémeux et la cassonade fondue. Incorporer la farine graduellement. Ajouter les dattes et le liquide. Terminer par les noix hachées. Verser la préparation dans le moule. Cuire environ 55 à 65 minutes ou jusqu'à ce qu'un cure-dent en ressorte propre.

Congélation : refroidir complètement. Diviser en portions si désiré.

Décongélation : dans l'emballage au réfrigérateur ou à température de la pièce ou au micro-ondes.

Servir : nature ou avec du beurre, à la température de la pièce ou passer une dizaines de minutes au four préchauffé à 175 ºC (350 ºF) si désiré. Ce pain-gâteau agrémente un brunch ou peut se déguster à la pause-café.

Miche de pain aux noisettes et aux raisins (sans levure)

4 portions

Temps de préparation : 15 minutes • Temps de cuisson : 12 minutes

Ingrédients

500 ml (2 tasses) de farine non blanchie
250 ml (1 tasse) de farine de kamut biologique
250 ml (1 tasse) de farine 6 grains biologique
5 ml (1 c. à thé) de bicarbonate de sodium
5 ml (1 c. à thé) de sel de mer (iodé)
175-250 ml (¾ à 1 tasse) de raisins secs (Thomson ou Sultana)
250 ml (1 tasse) de d'avelines
250 ml (1 tasse) de lait
15 ml (1 c. à soupe) de vinaigre blanc
310 ml (1 ¼ tasse) de yogourt nature

Recette

Préchauffer le four à 230 °C (450 °F). Verser le vinaigre dans le lait. Laisser reposer 10 minutes. Couper les noix en deux. Enfariner les raisins avec 15 ml-1 c. à soupe de farine prise à même les ingrédients. Graisser légèrement une plaque de cuisson ou encore une feuille de papier parchemin. Enfariner légèrement l'aire de travail. Mélanger dans un saladier les ingrédients secs. Faire un puits et y verser le lait et le yogourt. Mélanger jusqu'à ce que la pâte à pain soit souple, mouillée, un peu collante. Ajouter les noix et les raisins. Fariner vos mains au besoin. Former une miche d'environ 5 cm-2 po d'épaisseur et la déposer sur la plaque. Inciser une croix assez profonde avec un couteau tranchant au centre de la miche. Cuire 30 minutes puis ouvrir le four pour réduire la température à 200 °C (400 °F) et poursuivre la cuisson entre 30 et 35 minutes ou jusqu'à ce que la miche soit cuite. Elle émettra un son creux en la tapant. Bien refroidir sur une grille.

Congélation : refroidir complètement. Trancher si désiré. Envelopper hermétiquement.

Décongélation : dans l'emballage au réfrigérateur ou à température ambiante quelques heures.

Servir : nature, en tranches grillées, avec du beurre, du beurre de chocolat aux noisettes, comme tout bon pain avec sa garniture préférée. Passer une dizaine de minutes au four préchauffé à 175 °C (350 °F) si désiré.

Conseils : vous pouvez remplacer les raisins secs par d'autres fruits séchés comme des pommes, poires ou abricots séchés hachés. Remplacer les avelines par des noix de Grenoble hachées. Doubler la recette pour faire des provisions. Ce pain peut être cuisiné avec un mélange moitié-moitié de farine tout usage et de blé entier.

Pêches au sirop de lavande et sorbet citron 8 portions

Temps de préparation : 10 minutes • Temps de cuisson : 5 minutes

Ingrédients
500 ml (2 tasses) d'eau filtrée
250 ml (1 tasse) de sucre granulé
10 ml (2 c. à thé) de jus de citron
10 ml (2 c. à thé) de fleurs de lavande
4 pêches pelées, dénoyautées et tranchées au goût

Accompagnement
250 ml (1 tasse) de sorbet au citron
Feuilles de menthe fraîches

Recette
Amener à ébullition l'eau, le sucre, la lavande et le jus de citron. Pocher les pêches jusqu'à tendreté. Refroidir les pêches dans le sirop. Filtrer le sirop et conserver les fleurs de lavande pour décorer.

Congélation : refroidir complètement. Diviser en portions.

Décongélation : dans l'emballage la veille au réfrigérateur (environ 5 heures).

Servir : froid ou tempéré. Verser un peu de sirop dans le cœur d'une demi-pêche et dans l'assiette de service. Garnir d'une petite boule de sorbet au citron prélevée à la cuillère parisienne. Décorer l'assiette de fleurs de lavande ou de menthe fraîche.

Gâteau renversé aux ananas 8 portions

Temps de préparation : 20 minutes • Temps de cuisson : 45 minutes

Ingrédients
Gâteau
430 ml (1 ¾ tasse) de farine à pâtisserie
10 ml (2 c. à thé) de poudre à pâte
180 ml (¾ tasse) de lait
10 ml (2 c. à thé) d'extrait de vanille pure
125 ml (½ tasse) de beurre non salé
250 ml (1 tasse) de sucre granulé
3 blancs d'œufs

Garniture aux ananas
45 ml (3 c. à soupe) de beurre mi-salé
155 ml (½ tasse + 2 c. à soupe) de cassonade
6 tranches d'ananas égouttées
5 ml (1 c. à thé) de jus de citron

Recette
Gâteau : Préchauffer le four à 175 ºC (350 ºF). Graisser et enfariner un moule rond de 23 cm x 5 cm (9 po x 2 po). Tamiser les ingrédients secs. Verser la vanille dans le lait. Fouetter les blancs d'œufs pour qu'ils soient en « neige légère » et dans un autre bol le beurre avec le sucre au batteur électrique. Ajouter au beurre en alternant le lait et la farine en petites quantités. Ajouter les blancs d'œufs fouettés. Mélanger en pliant la pâte. Réserver.

Garniture : À feu doux, faire fondre le beurre et la cassonade. Ajouter le jus de citron. Verser le mélange dans le moule. Disposer les tranches d'ananas. Verser la pâte à gâteau. Cuire environ 45 minutes ou jusqu'à ce qu'un cure-dent en ressorte propre. Tiédir. Refroidir 10 à 15 minutes avant de retourner sur une assiette plate ou un disque de carton épais.

Congélation : refroidir complètement. Envelopper et congeler le gâteau.

Décongélation : dans l'emballage au réfrigérateur ou au micro-ondes.

Servir : préchauffer le four à 175 ºC (350 ºF). Faites réchauffer environ 15 minutes. Accompagner de crème glacée à la vanille ou de crème Chantilly.

Muffins aux bananes et chocolat **18 portions**

Temps de préparation : 20 minutes • Temps de cuisson : 25 minutes

Ingrédients

625 ml (2 ½ tasses) de farine tout usage
7,5 ml (1½ c. à thé) de poudre à pâte
5 ml (1 c. à thé) de bicarbonate de soude
250 ml (1 tasse) de cassonade
2,5 ml (½ c. à thé) de sel
125 ml (½ tasse) de yogourt nature
125 ml (½ tasse) de lait
15 ml (1 c. à soupe) de vinaigre
2 gros œufs battus
75 ml (⅓ tasse) d'huile de canola biologique
5 ml (1 c. à thé) d'extrait de vanille pure
2,5 ml (½ c. à thé) de noix de muscade râpée
250 ml (1 tasse) de bananes en purée
125 ml à 180 ml (½ à ¾ tasse) de brisures de chocolat mi-sucrés

Recette

Préchauffer le four à 190 °C (375 °F). Déposer des caissettes de papier dans la plaque de moules à muffins. Mélanger le vinaigre et le lait dans une tasse à mesurer. Ajouter le yogourt et mélanger. Mélanger les ingrédients secs dans un bol. Battre les œufs avec la cassonade au mélangeur électrique ou à la main dans un autre bol. Incorporer les bananes. Incorporer la farine en 3 à 4 fois en alternant avec le lait et le yogourt. Bien mélanger. Incorporer le chocolat en conservant environ 60 ml (¼ tasse) pour garnir les muffins. Remplir les caissettes au trois quart. Garnir de capuchons de chocolat. Enfourner et cuire 20 à 25 minutes pour des muffins réguliers et 10 à 15 minutes pour les minis muffins. Refroidir 5 minutes sur une grille.

Congélation : refroidir complètement. Congeler dans un sac de congélation ou envelopper chaque muffin individuellement.

Décongélation : au réfrigérateur dans l'emballage, à température de la pièce ou au micro-ondes.

Servir : nature, en les passant quelques minutes au four préchauffé à 175 °C (350 °F) ou au micro-ondes. Une fois décongelés, éviter de les recongeler. Par contre, ils peuvent être conservés au réfrigérateur 3 à 4 jours dans un contenant hermétique.

Gâteau au fromage et bleuets sauvages 12 portions

Temps de préparation : 35 minutes • Temps de cuisson : 25 minutes

Ingrédients
Croûte classique aux biscuits Graham
250 ml (1 tasse) de biscuits Graham émiettés
15 ml (1 c. à soupe) de sucre granulé
60 ml (¼ tasse) de beurre fondu
Garniture au fromage
340 g (12 oz) de fromage à la crème
180 ml (¾ tasse) de sucre granulé
5 ml (1 c. à thé) d'extrait de vanille pure
3 ml (¾ c. à thé) de zeste de citron fin
Une pincée de sel de mer fin
2 gros œufs
1 gros blanc d'œuf
125 ml (½ tasse) de crème sure

Nappage aux bleuets sauvages
250 ml (1 tasse) de bleuets sauvages surgelés
125 ml (½ tasse) d'eau filtrée
30 ml (2 c. à soupe) de sucre granulé
7 ml (1 ½ c. à thé) de fécule de maïs
2,5 ml (½ c. à thé) de jus de citron

Recette
Croûte : Préchauffer le four à 160 ºC (325 ºF). Mélanger les ingrédients de la croûte dans un moule rond ou carré allant au four d'environ 20 cm (8 po) ou 12 moules à muffins. Presser le mélange dans le moule. Cuire environ 7 minutes ou jusqu'à ce qu'elle brunisse. Refroidir.

Garniture au fromage : Préchauffer le four à 175 ºC (350 ºF). Fouetter le fromage à la crème au mélangeur électrique pour le rendre crémeux en additionnant de sucre. Racler les bords. Ajouter la vanille, le zeste et le sel. Bien mélanger. Incorporer les jaunes d'œufs un à la fois en raclant les bords. Verser la crème sure. Verser sur la croûte précuite. Déposer le moule dans une rôtissoire. Verser de l'eau bouillante jusqu'à mi-hauteur. Cuire environ 35 à 45 minutes ou jusqu'à ce que le centre soit ferme. Refroidir.

Nappage aux bleuets sauvages : Pendant la cuisson du gâteau, porter à ébullition l'eau et le sucre. Ajouter les bleuets et le citron. Mélanger la fécule dans 5 ml (1 c. à thé) d'eau. Ajouter et cuire jusqu'à épaississement. Refroidir.

Congélation : refroidir complètement. Diviser en portions si désiré. Envelopper et congeler séparément gâteau et nappage, l'emballage en sera facilité.

Décongélation : dans l'emballage au réfrigérateur ou à température ambiante quelques heures. La décongélation au micro-ondes est déconseillée. Décongeler la garniture aux bleuets à température ambiante, la réchauffer sur la cuisinière ou au micro-ondes en mélangeant bien.

Servir : napper le gâteau de la garniture aux bleuets. Une fois décongelé, conserver le gâteau emballé hermétiquement au réfrigérateur ou le recongeler sans problème.

Brioches pause-café à la cannelle et aux pacanes

12 portions

Temps de préparation : 20 minutes • Temps de cuisson : 25 minutes

Ingrédients
Pâte à brioche
180 ml (¾ tasse) d'eau chaude filtrée (49 ºC-55 ºC/120 ºF-130 ºF)
30 ml (2 c. à soupe) de beurre fondu
425 ml (1 ¾ tasse) de farine tout usage non blanchie
2 enveloppes (16 g) de levure sèche instantanée
5 ml (1 c. à soupe) de sucre granulé
2,5 ml (½ c. à thé) de sel de mer iodé

Mélange de sucre à la cannelle
45 ml (3 c. à soupe) de sucre turbino (ou régulier granulé)
10 ml (2 c. à thé) de cannelle moulue

Garniture aux pacanes
60 ml (¼ de tasse) de cassonade tassée
60 ml (¼ de tasse) de sirop de maïs doré
60 ml (¼ de tasse) de sirop d'érable
30 ml (2 c. soupe) de beurre fondu
180 ml (¾ tasse) de pacanes hachées

Recette
Ne pas préchauffer le four. Graisser avec du beurre ou un enduit en aérosol une poêle en fonte ou un plat allant au four de 23 cm (9 po). Mélanger tous les ingrédients de la garniture. Réserver. Faire de même avec le mélange à la cannelle. Mélanger à la fourchette les ingrédients de la brioche. Déposer la pâte dans le moule graissé. Saupoudrer du mélange à la cannelle. Répandre la garniture aux pacanes sur la pâte. Déposer dans un four froid (non préchauffé). Allumer le feu à 175 ºC (350 ºF) et cuire environ 25 minutes ou jusqu'à ce que le centre soit ferme. Refroidir.

Congélation : refroidir complètement. Passer un couteau le long des bords du moule. Trancher en portions si désiré. Utiliser une spatule pour les soulever. Emballer.

Décongélation : au réfrigérateur, au micro-ondes ou 1 heure à la température de la pièce.

Servir : la brioche est meilleure réchauffée. Préchauffer le four à 175 ºC (350 ºF). Disposer les portions dans une assiette d'aluminium et réchauffer environ 10-15 minutes ou réchauffer dans une assiette de service au micro-ondes.

Petits « biscuits » anglais au lait de beurre

16 portions

Temps de préparation : 15 minutes • Temps de cuisson : 15 minutes

Ingrédients

500 ml (2 tasses) de farine tout usage non blanchie
15 ml (1 c. à soupe) de poudre à pâte
3 ml (¾ c. à thé) de sel de mer
5 ml (1 c. à thé) de sucre granulé (facultatif)
75 ml (5 c. à soupe) de beurre froid (ou de lard ou moitié beurre et graisse végétale)
165 ml (⅔ tasse +1 c. à soupe) de lait de beurre (ou de lait ordinaire additionné de 15 ml-1 c. à soupe de vinaigre)

Recette

Préchauffer le four à 230 ºC (450 ºF). Déposer une feuille de papier parchemin sur une plaque de cuisson ou graisser un moule. Enfariner légèrement l'aire de travail. Dans un bol, tamiser les ingrédients secs. Couper le corps gras choisi en petits dés. L'ajouter à la farine et mélanger au coupe-pâte ou avec 2 couteaux jusqu'à l'obtention d'une mixture grumeleuse. Verser le lait de beurre et mélanger à la fourchette. Retourner le bol sur la surface farinée. Former un disque et l'abaisser légèrement au rouleau à pâte (manipuler la pâte le moins possible) pour obtenir une épaisseur d'environ 2 cm (¾ po). À l'aide d'un verre ou d'un emporte-pièce (5 cm - 2 po de diamètre), tailler les biscuits et les disposer à mesure sur la plaque à cuisson en les espaçant d'environ 5 cm (2 po) ou les disposer côte à côte dans un moule graissé. Réutiliser les retailles. Cuire 12 à 15 minutes jusqu'à ce qu'ils soient dorés. Refroidir sur une grille.

Congélation : refroidir complètement. Envelopper dans des sacs de congélation. Congeler à découvert les biscuits crus et les emballer en portions dans des sacs de congélation ou dans un contenant.

Décongélation : dans l'emballage au réfrigérateur ou sur le comptoir.

Servir : ces biscuits sont meilleurs chauds et servis avec du beurre pour accompagner un mets principal, tel qu'un bon mijoté d'agneau ou de bœuf. Cuire les biscuits congelés au four préchauffé à 230 ºC (450 ºF) environ 20 minutes. Préchauffer le four à 175 ºC (350 ºF). Réchauffer les biscuits cuits environ 5 à 7 minutes ou au micro-ondes.

Variations sucrée-salée : doubler la recette de base et varier.
Au fromage : ajouter aux ingrédients secs 180 à 250 ml (¾ à 1 tasse) de fromage ferme râpé (cheddar, gruyère).
À la cannelle : ajouter au mélange final 60 ml (¼ tasse) de raisins secs et 2,5 ml - ½ c. à thé de cannelle.

Gâteau au chocolat à la crème glacée 8 portions

Temps de préparation : 30 minutes • Temps de cuisson : 45 minutes

Ingrédients

Gâteau
430 ml (1 ¾ tasse) de farine tout usage non blanchie
10 ml (2 c. à thé) de poudre à pâte
3 ml (¾ c. à thé) de sel de mer fin
170 ml (½ tasse + 3 c. à soupe) de beurre mou non salé
375 ml (1 ½ tasse) de sucre granulé
375 ml (1 ½ tasse) poudre de chocolat (hollandais)
2 gros œufs
5 ml (1 c. à thé) d'extrait de vanille pure
375 ml (1 ½ tasse) d'eau chaude filtrée

Glaçage
500 ml (2 tasses) de confiture de fraises à congeler
(voir, page 205)
Miel
1 litre (4 tasses) de crème glacée à la vanille de qualité
Ganache au chocolat (voir, p. 183)

Recette
Préchauffer le four à 160 ºC (325 ºF). Graisser (avec 5 ml - 1 c. à thé de beurre compris dans les ingrédients) et enfariner 2 moules ronds de 23 cm x 2,5 cm (9 po x 1 po). Tamiser la farine avec la poudre à pâte et le sel. Réserver. Crémer le beurre avec le sucre au batteur électrique en raclant les bords. Ajouter la poudre de chocolat et bien mélanger. Racler les bords. Ajouter un œuf à la fois tout en continuant de battre. Ajouter la vanille. Verser en alternant l'eau et la farine en 3 fois et battre à faible vitesse. Répartir le mélange dans les moules. Cuire environ 30 minutes ou jusqu'à ce qu'un cure-dent en ressorte propre. Tiédir avant de retourner sur une grille pour refroidir complètement.

Montage
Déposer un premier gâteau sur une assiette de carton épais avec un rebord (2,5 cm-1 po). Déposer le côté plat du gâteau sur le dessus. Étendre la confiture de fraises à la spatule. Poser le deuxième gâteau. Faire couler un mince filet de miel en zigzag sur le dessus. Étendre la crème glacée rapidement. Faire prendre au congélateur. Ressortir le gâteau et glacer les côtés en travaillant à la spatule. Remettre au congélateur au besoin entre les étapes.

Congélation : congeler à découvert une fois le glaçage à la crème glacée bien pris. Envelopper le gâteau une fois monté ou recouvert d'un glaçage au choix ou nature.

Décongélation : ne pas décongeler le gâteau monté à base de crème glacée. Laisser décongeler au réfrigérateur ou la température de la pièce le gâteau nature ou recouvert d'un glaçage régulier.

Servir : le gâteau à la crème glacée se sert rapidement après avoir été divisé en portions. Verser du glaçage au chocolat dans l'assiette de service si désiré. Recongeler le gâteau après avoir coupé le nombre de portions désirées. Réchauffer environ 8 à 10 minutes au four préchauffé à 175 ºC (350 ºF) les gâteaux nature, non glacés.

Gâteau au citron et compote de pommes canneberges gingembre

8 portions

Temps de préparation : 30 minutes • Temps de cuisson : 45 minutes

Ingrédients

375 ml (1 ½ tasse) de farine tout usage non blanchie
250 ml (1 tasse) de semoule de maïs moulue (moyenne)
250 ml (1 tasse) de sucre granulé
10 ml (2 c. à thé) de poudre à pâte
1 ml (¼ c. à thé) de sel de mer fin
180 ml (¾ tasse) de beurre non salé fondu
3 gros œufs
310 ml (¼ tasse) de crème sure
15 ml (1 c. à soupe comble) de zeste de citron fin
15 ml (1 c. à soupe) de jus de citron frais
7 ml (1½ c. à thé) d'extrait de vanille pure

Compote de pommes aux canneberges gingembre

4 pommes Délicieuses
250 ml (1 tasse) de canneberges surgelées
120 ml (½ tasse) de sucre granulé
30 ml (2 c. à soupe) de miel (facultatif)
1 ml (¼ c. à thé) de gingembre en poudre
5 ml (1 c. à thé) de jus de citron concentré
60 ml (¼ tasse) d'eau filtrée

Recette

Gâteau : Préchauffer le four à 175 ºC (350 ºF). Graisser (avec 5 ml - 1 c. à thé de beurre compris dans les ingrédients) et fariner 1 moule (23 cm x 7,8 cm - 9 po x 3 po) ou 2 moules ronds (23 cm x 2,5 cm - 9 po x 1 po). Tamiser les ingrédients secs dans un grand bol. Réserver. Fouetter les œufs. Incorporer la crème sure. Ajouter le sucre, le beurre fondu et la vanille. Bien mélanger en raclant les bords à l'aide d'une spatule. Verser ce mélange dans la farine. Ne pas trop travailler la pâte. Répartir dans les moules. Cuire environ 35 à 40 minutes ou jusqu'à ce qu'un cure-dent en ressorte propre. Tiédir avant de retourner sur une grille pour refroidir.

Compote : Trancher les pommes pelées et évidées en petits morceaux. Verser l'eau, le sucre, le gingembre et le miel et les pommes dans une casserole. Cuire 5 minutes à feu moyen-doux en brassant. Incorporer les canneberges et le jus de citron. Mijoter 5 à 8 minutes ou jusqu'à ce que les canneberges s'écrasent facilement. Réduire en purée au presse-purée. Refroidir.

Congélation : refroidir complètement. Congeler gâteaux et compote à part. Emballer la compote dans des sacs de congélation ou des contenants.

Décongélation : au réfrigérateur ou à la température de la pièce dans l'emballage.

Servir : préchauffer le four à 175 ºC (350 ºF). Réchauffer le gâteau environ 10 minutes ou au micro-ondes si désiré. Réchauffer ou chambrer la compote au micro-ondes ou sur la cuisinière à feu doux. Ajouter un peu d'eau si nécessaire. Napper les gâteaux de compote ou la servir dans l'assiette.

Foccacia classique **12 portions**

Temps de préparation : 3 heures 30 minutes • Temps de cuisson : 15 à 20 minutes

Ingrédients

10 ml (2 c. à thé) de levure sèche
455 ml (1¾ tasse +2 c. à soupe) d'eau tiède (36 ºC-97 ºF)
30 ml (2 c. à soupe) d'huile d'olive extravierge
10 ml (2 c. à thé) de sel de mer iodé
875 ml (3 ½ tasses) de farine tout usage non blanchie (+ pour l'aire de travail)

Garniture

5-6 tranches de tomates séchées ou fraîches et épépinées et hachées
8 olives noires séchées
Oignons rouges
Herbes de Provence séchées ou herbes fraîches au goût (romarin)
Fleur de sel
Huile d'olive

Recette Foccacia

Mélanger la levure dans l'eau. Ajouter l'huile. Déposer la farine dans un grand bol. Ajouter le sel de mer. Verser le mélange de levure en 3 temps en mélangeant à la cuillère de bois. La pâte sera très collante (tout au long de la recette d'ailleurs). Replier la pâte une vingtaine de fois sur elle-même. Fariner légèrement la surface de travail et se mouiller les mains. Déposer la pâte dans un bol huilé et la recouvrir d'un linge humide ou d'une pellicule plastique enduite d'huile. Laisser gonfler pendant 1½ heure à température ambiante. La pâte doublera de volume. La rabattre une quinzaine de fois les mains mouillées. Couvrir et laisser gonfler encore pendant 1½ heure. Huiler le ou les plats de cuisson choisis : mouler les foccacias rondes ou rectangulaires. Replier encore la pâte 5 à 6 fois. Couvrir à nouveau et laisser reposer 15 minutes. Hacher les tomates (séchées ou fraîches épépinées), la chair d'olives séchées et les herbes choisies. Réserver.

Préchauffer le four à 220 ºC (425 ºF). Remplir à moitié une lèchefrite d'eau chaude (ou un peu plus ou moins selon la hauteur du plat choisi). La glisser dans le four. Déposer les boules dans les plats huilés et les aplatir délicatement du bout des doigts.

Mettre la garniture choisie en appuyant légèrement, saupoudrer d'herbes et de fleur de sel si désiré. Laisser reposer un dernier 45 minutes près du four et à l'abri des courants d'air. C'est après cette dernière levée que vous enfournez. Cuire au four humide les foccacias environ 15 à 20 minutes sans ouvrir la porte du four. Démouler. Refroidir sur une grille.

Congélation : refroidir complètement les foccacias sur une grille. Enveloppez séparément avec des pellicules adhérentes ou dans un grand sac de congélation et bien extirper l'air avec une paille.

Décongélation : dans l'emballage à température ambiante environ 1 heure ou au réfrigérateur.

Servir : préchauffer le four à 175 ºC (350 ºF). Réchauffer environ 7-8 minutes. Couper en portions pour déguster à l'apéro, pour accompagner un plateau de crudités, une soupe ou un potage, un bon fromage.

Pain à la semoule de maïs et cheddar

8 portions

Temps de préparation : 15 minutes • Temps de cuisson : 45 minutes

Ingrédients
250 ml (1 tasse) de farine tout usage non blanchie
250 ml (1 tasse) de semoule de maïs moulue (moyenne)
5 ml (1 c. à thé) de poudre à pâte
5 ml (1 c. à thé) de sel de mer
45 ml (3 c. à soupe) de sucre granulé (facultatif)
Poivre noir moulu (facultatif)
375 ml (1 ½ tasse) de lait de beurre
30 ml (2 c. à soupe) de beurre froid
2 œufs battus
250 ml (1 tasse) de cheddar râpé
Beurre ou huile végétale en vaporisateur

Recette
Préchauffer le four à 220 ºC (425 ºF). Graisser généreusement une poêle en fonte de 23 cm (9 po) de diamètre. Dans un bol, tamiser les ingrédients secs. Former un puits. Verser le lait de beurre et les œufs battus. Mélanger graduellement la farine aux liquides à la cuillère de bois ou à la spatule. Ajouter ensuite le fromage. Verser la pâte dans la poêle. Cuire environ 20 à 25 minutes ou jusqu'à ce qu'un cure-dent en ressorte propre. Tiédir 15 minutes avant de servir. Refroidir hors du four; démouler.

Congélation : refroidir complètement. Envelopper en portions pratiques.

Décongélation : dans l'emballage au réfrigérateur ou sur le comptoir.

Servir : ce pain gagne à être servi réchauffé. Préchauffer le four à 175 ºC (350 ºF) et cuire environ 5 à 7 minutes ou au micro-ondes. Il garnit bien la table d'un brunch et s'apporte bien dans la boîte à lunch ou en pique-nique.

Tarte aux poires vanillées canneberges et chocolat

8 portions

Temps de préparation : 30 minutes ● Temps de cuisson : 45 minutes

Ingrédients
Garniture
5 à 6 poires fermes en morceaux
5 ml (1 c. à thé) de jus de citron
250 ml (1 tasse) de canneberges surgelées
60 g (2 oz) de chocolat mi-sucré
30 ml (2 c. soupe) de sucre granulé
5 ml (1 c. à thé) de fécule de maïs
1 ml (¼ c. à thé) de cannelle
5 ml (1 c. à thé) d'extrait de vanille pure

Croustade
180 ml (3/4 tasse) de farine tout usage
Pincée de sel
125 ml (½ tasse) de cassonade tassée
90 ml (6 c. à soupe) de beurre froid en dés
180 ml (¾ tasse) d'amandes nature

Croûte
1 abaisse de pâte brisée de base
(voir, p. 213)

Recette
Tarte : Foncer le moule à tarte avec la pâte brisée. Cuire partiellement la pâte au four préchauffé à 190 ºC (375 ºF) Comme l'indique la recette de la page 213. Refroidir complètement sur une grille.

Garniture : Préchauffer le four à 190 ºC (375 ºF). Hacher assez finement les amandes. Réserver. Mélanger les fruits coupés en morceaux dans un bol et les arroser de jus de citron. Ajouter la fécule, le sucre et le reste des ingrédients. Mélanger délicatement.

Croustade : Couper le beurre en très petits dés au couteau. Mélanger les sucres avec la farine dans un autre bol. Ajouter le beurre et mélanger en recoupant au couteau le mélange grumeleux. Ajouter les amandes. Mélanger.

Verser le mélange de poires dans la croûte mi-cuite. Couvrir de la croustade. Cuire 45 minutes au four. Refroidir.

Congélation : refroidir complètement. Couper en portions si désiré.

Décongélation : dans l'emballage à température de la pièce ou au réfrigérateur.

Servir : froid ou réchauffé dans un four préchauffé à 175 ºC (350 ºF) environ 10 à 15 minutes ou au micro-ondes. Accompagner de crème glacée ou de yogourt à la vanille.

Petits pains au chèvre, tomates séchées et olives

12 portions

Temps de préparation : 20 minutes ● Temps de cuisson : 20 minutes

Ingrédients
500 ml (2 tasses) de farine à pâtisserie
15 ml (1 c. à soupe) de poudre à pâte
5 ml (1 c. à thé) de sel
2,5 ml (½ c. à thé) de zeste de citron
30 ml (2 c. à soupe) de sucre
1 œuf
250 ml (1 tasse) de crème 10 %
5 ml (1 c. à thé) de basilic séché
125 ml (½ tasse) d'huile d'olive extravierge
125 ml (½ tasse) de fromage de chèvre
7-8 tomates séchées réhydratées hachées finement
7-8 olives noires hachées finement
45 ml (3 c. à soupe) de noix de pins (ou de graines de citrouille ou tournesol)

Recette
Graisser et enfariner les moules soit 2 petits de 15 cm x 8 cm - 6 p ox 3 po (ou 1 grand moule à pain ou des moules à muffin). Préchauffer le four à 200 ºC (400 ºF). Infuser le basilic dans la crème chaude une dizaine de minutes. Filtrer au tamis fin ou sinon envelopper le basilic dans une gaze. Battre l'œuf et mélanger le fromage et le sucre. Ajouter la farine en alternant avec la crème. Incorporer les tomates et les olives hachées. Mélanger. Verser dans le moule. Déposer des noix de pin sur le dessus. Cuire 20 minutes ou jusqu'à ce qu'un cure-dent piqué au centre en ressorte propre. Refroidir.

Congélation : refroidir complètement. Envelopper individuellement.

Décongélation : dans l'emballage au réfrigérateur ou sur le comptoir.

Servir : ces petits pains sont meilleurs chauds. Préchauffer le four à 175 ºC (350 ºF). Réchauffez-les environ 8 à 10 minutes ou au micro-ondes. Servir nature pour accompagner une salade ou une omelette.

Pets de sœurs au miel et à l'eau de fleur d'oranger

24 portions

Temps de préparation : 15 minutes • Temps de cuisson : 20 minutes

Ingrédients
Pets de nonnes
250 ml (1 tasse) d'eau filtrée
125 ml (½ tasse) de beurre
½ c. à thé de sel
5 ml (1 c. à thé) de sucre
250 ml (1 tasse) de farine tout usage non blanchie
4 œufs
2 blancs d'œufs
Arôme au choix : vanille, eau de fleur, zestes de citron ou orange
Alcool : cognac, rhum ou brandy
Huile végétale pour la friture

Variation : ajouter à la pâte 60 ml (¼ tasse) de raisins dorés trempés dans le rhum ou le brandy.

Sirop de miel aromatisé
125 ml (½ tasse) de miel nature
5 ml (1 c. à thé) de zeste d'orange ou de citron
10 ml (2 c. à thé) d'eau de fleurs d'oranger

Recette

Battre les blancs en neige avec une pincée de sel. Réserver. Porter à ébullition le beurre et l'eau avec le sel et le sucre dans une casserole moyenne. Ajouter la farine hors du feu et mélanger énergiquement jusqu'à formation d'une boule. Cuire sur feu doux 2 minutes en remuant. Hors du feu, ajouter les œufs un à la fois et mélanger énergiquement. Aromatiser et incorporer les blancs en neige à la pâte en pliant. Chauffer l'huile sans qu'elle fume à 190 ºC (375 ºF) dans une casserole profonde ou une friteuse. Disposer 2 épaisseurs d'essuie-tout sur une plaque de cuisson. En utilisant une cuillère à soupe, glisser la pâte dans l'huile chaude. Éviter que les boules se touchent. Les retourner avec des pinces au besoin. Retirer avec une écumoire. Refroidir sur une grille. Chauffer le miel avec les zestes finement hachés et l'eau de fleur. Badigeonner les beignets chauds de ce miel. Refroidir.

Congélation: refroidir complètement. Envelopper en portions pratiques les beignets trempés ou non dans le miel aromatisé soit dans des sacs de congélation ou dans un contenant hermétique.

Décongélation : dans l'emballage au réfrigérateur ou au micro-ondes.

Servir : réchauffer les beignets au miel au four préchauffé à 190 ºC (375 ºF) ou au micro-ondes. Les beignets nature peuvent être servis saupoudrés de sucre en poudre.

Conserver les beignets décongelés au réfrigérateur dans un contenant hermétique.

Banana split 1 portion

Temps de préparation : 45 minutes • Temps de cuisson : 5 minutes

Ingrédients
1 banane moyenne mûre
3 boules de crème glacée à la vanille
15 ml (1 c. à soupe) de sauce au chocolat noir
15 ml (1 c. à soupe) sauce au caramel (voir, p. 207)
30 ml (2 c. à soupe) de confiture de fraise à congeler (voir plus bas)

Sauce au chocolat noir
1 carré (14 g-1 oz) de chocolat noir mi-sucré
60 ml (¼ tasse) d'eau filtrée
80 ml (⅓ de tasse) de sucre granulé
45 ml (3 c. à soupe) beurre mi-salé en dés
1 ml (¼ c. à thé) d'extrait de vanille pure

Confiture de fraises à congeler
375 ml (1 ½ tasse) de sucre granulé
1 l (4 tasses) de fraises écrasées
1 sachet (45 g - 1,6 oz) de pectine pour confiture à congeler

Recette
Sauce au chocolat : Chauffer le chocolat dans une casserole avec l'eau en brassant à la spatule environ 3 minutes. Ajouter le sucre et brasser à feu doux jusqu'à ce que le sucre soit bien fondu. Hors du feu ajouter les dés de beurre. Parfumer à la vanille. Refroidir.

Sauce au caramel : Suivre les étapes de la recette à la page 207.

Confiture à congeler : Mélanger tous les ingrédients dans un bol. Reposer 3 minutes à température ambiante. Transférer la confiture dans des contenants stériles en laissant un espace de tête de 1 cm (½ po) ou dans des sacs de congélation par quantités pratiques de 250 à 500 ml (1 ou 2 tasses). Laisser épaissir la confiture en la laissant reposer 30 minutes.

Congélation : refroidir complètement. Emballer les 2 sauces (caramel et chocolat) et la confiture séparément dans des contenants de plastique ou des sacs de congélation.

Décongélation : dans l'emballage à température ambiante.

Servir : faire le montage juste au moment de servir : trancher la banane en 2 sur le sens de la longueur; déposer 3 boules de crème glacée à la vanille dans une assiette creuse; disposer une moitié de banane de chaque côté; napper le centre de la crème glacée de confiture de fraise et chacune des 2 autres d'une sauce chocolat et caramel.

Coupe de sorbet à l'ananas garnie d'un coulis de mangue et au fruit de la passion

6 à 8 portions

Temps de préparation : 15 minutes • Temps de cuisson : 5 minutes

Ingrédients
Sorbet à l'ananas
500 ml (2 tasses) d'ananas frais congelés
Jus d'un citron
1 blanc d'œuf (décongelé)

Coulis à la mangue et au fruit de la passion
500 ml (2 tasses) de mangues
1 fruit de la passion
2,5 ml (½ c. à thé) de jus de citron
125 ml (½ tasse) d'eau filtrée
60 ml (¼ de tasse) de sucre granulé
5 ml (1 c. à thé) de fécule de maïs

Garnitures
Feuilles de menthe fraîches
Noix de coco grillée (facultatif)

Recette
Sorbet : Réduire tous les ingrédients au robot culinaire jusqu'à consistance lisse.

Coulis à la mangue : Couper le fruit de la passion et prélever la pulpe avec une cuillère. Tamiser la pulpe. Réserver les pépins. Cuire tous les ingrédients environ 5minutes à feu moyen-doux. Délayer la fécule dans un peu de liquide chaud et l'ajouter en brassant. Le liquide épaissira. Passer au mélangeur. Rajouter les pépins du fruit de la passion si désiré. Refroidir.

Garniture : Griller à sec la noix de coco fraîche (décongelée) avec quelques cuillères de sucre granulé si désiré. Refroidir.

Congélation : refroidir complètement le coulis aux fruits et la noix de coco grillée. Diviser en portions et congeler séparément le sorbet, la sauce et la noix de coco.

Décongélation : ne pas décongeler. Conserver le sorbet au congélateur jusqu'au moment de servir, fouetter pour redonner de la légèreté. Décongeler le coulis dans l'emballage à la température de la pièce, au réfrigérateur ou au micro-ondes; fouetter si nécessaire.

Servir : déposer une boule de sorbet glacé dans une coupe ou un verre. Verser une cuillère de coulis mangue-fruit de la passion. Décorer d'une feuille de menthe fraîche, de noix de coco grillée et servir immédiatement.

Sunday au caramel au beurre salé

1 portion

Temps de préparation : 15 minutes • Temps de cuisson : 5 minutes

Ingrédients
2 boules de crème glacée à la vanille
30 à 45 ml (2 à 3 c. à soupe) de caramel au beurre salé

Caramel
250 ml (1 tasse) de sucre granulé
80 ml (⅓ de tasse) beurre salé
250 ml (1 tasse) de crème à cuisson 15 %

Recette
Caramel
Verser le sucre dans une casserole. Laisser caraméliser sans brasser à feu moyen.
Quand le sucre a atteint une couleur rousse, incorporer le beurre, le sel et la crème
en mélangeant. Attention aux éclaboussures. Refroidir.

Congélation : refroidir complètement le caramel. Diviser en portions.

Décongélation : dans l'emballage à température ambiante ou au réfrigérateur.

Servir : déposer une boule de crème glacée dans une coupe ou un verre. Verser une
cuillère de caramel. Ajouter une autre boule de crème glacée et napper de caramel.
Décorer d'un petit fruit frais.

Conseils : les Sundays peuvent être montés à l'avance et conservés au congélateur bien emballés. Les sortir 4 à 5 minutes avant de servir.

Pâte à tarte maison (à la graisse végétale) ... 210

Pâte sablée sucrée de base ... 212

Pâte à tarte maison (au vinaigre) ... 212

Pâte brisée de base ... 213

Pâte à choux de base ... 214

Sauce tomate de base ... 215

Sauce brune de base ... 216

Sauce de base aux legumes ... 217

Sauce exotique pour brochettes de poulet, bœuf et poisson ... 218

Sauce béchamel de base ... 219

Recette de tofu ferme grillé de base ... 219

Base

Recettes de base

Pâte à tarte maison (à la graisse végétale)

pour 2 abaisses de 23-25cm, 9-10 po

Ingrédients

125 ml (½ tasse) de graisse végétale
1 gros œuf
60 ml (¼ tasse) d'eau bouillante
375 ml (1 ½ tasse) de farine à pâtisserie
½ c. à thé de poudre à pâte
½ c. à thé de sel de mer iodé

Recette

Fouetter au batteur électrique la graisse, l'eau chaude et l'œuf jusqu'à ce que la graisse soit assez défaite et le mélange mousseux. Tamiser les ingrédients secs. Les ajouter en mélangeant à la fourchette. Former une boule et l'envelopper dans une pellicule plastique. Réfrigérer 1 heure avant de l'abaisser au rouleau ou congeler.

Pâte sablée sucrée de base

pour 2 croûtes de 25,4-28 cm (10-11 po)
ou 12 x 11,4 cm (4 ½ po) ou
24 tartelettes de 3,8-5 cm (1 ½-2 po)

Ingrédients

525 ml (2½ tasses) de farine tout usage
250 ml (1 tasse) de sucre à glacer tamisée
½ c. à thé de sel
250 ml (1 tasse) de beurre froid en dés
4 gros jaunes d'œufs

Recette

Laisser refroidir la farine 30 minutes au réfrigérateur. Couper le beurre en petits dés. Battre les jaunes légèrement. Dans un bol mélanger les ingrédients secs. À l'aide de 2 couteaux ou d'un coupe-pâte (ou au robot), ajouter le beurre et mélanger jusqu'à l'obtention de petits grains (½ cm - ¼ po). Ajouter graduellement les œufs en mélangeant entre chaque addition. La pâte prendra forme et sera encore grumeleuse. Si elle semble encore trop sèche ajouter de l'œuf battu supplémentaire. Former la croûte avec les doigts en pressant sur l'assiette à tarte. Nul besoin de la rouler. Recouvrir d'un film plastique. Réfrigérer de 2 à 3 heures ou toute la nuit.

Pour une cuisson partielle : piquer le fond à la fourchette. Recouvrir d'une feuille de papier parchemin ou d'aluminium et déposer un poids (riz, ou fèves) et cuire 15 à 20 minutes au four préchauffé à 190 °C (375 °F) ou jusqu'à ce que le bord se colore et que le fond commence à cuire. Enlever les poids et le papier. Poursuivre la cuisson 10 minutes ou jusqu'à ce qu'elle commence à foncer légèrement.

Pour une croûte entièrement cuite : cuire comme pour une demi-cuisson; une fois le papier enlevé, cuire 20 minutes (au lieu des 10 minutes de précuisson) pour obtenir une croûte bien dorée et sèche (cuisson « à blanc »). Garnir.

Pâte à tarte maison (au vinaigre)

pour 2 croûtes
ou 4 abaisses de 23-25 cm (9-10 po)

Ingrédients

520 g (4 tasses) de farine tout usage
15 ml (1 c. à soupe) de sel
375 ml (1 ½ tasse) de corps gras froid
(moitié beurre et graisse végétale)
250 ml (1 tasse) d'eau froide
15 ml (1 c. à soupe) de vinaigre blanc
1 jaune d'œuf battu
1 blanc d'œuf en neige

Recette

Tamiser la farine avec le sel. Incorporer la graisse et le beurre. Utiliser deux couteaux (ou pulser au robot). Creuser un puits au centre de la farine et verser l'eau et le vinaigre. Mélanger. Ajouter le jaune suivi du blanc monté en neige. Bien incorporer. Former 2 boules de pâte et les recouvrir d'un film plastique. Refroidir 45 minutes à 1 heure au réfrigérateur ou congeler.

Conseils : Vous pouvez diviser les quantités en 2 pour 1 seule croûte. ou pour le fond de tarte, foncer le moule à tarte avec la pâte brisée sucrée. Cuire à demi ou complètement la pâte au four préchauffé à 190 °C (375 °F) en suivant les étapes de la recette de base jusqu'à ce que le fond soit bien cuit et sec. Refroidir complètement avant de garnir ou de congeler.

Pâte brisée de base

**Ingrédients pour 1 abaisse
ou 12 tartelettes de 3,8-5cm (1 ½ à 2 po)**
310 ml (1 ¼ tasse) de farine tout usage
2,5 ml (½ c. à thé) de sel
5 ml (1 c. à thé) de sucre
125 ml (½ tasse) de cubes de beurre non salé
45 à 75 ml (3 à 5 c. à soupe) d'eau glacée

Recette

Au robot culinaire : Déposer les ingrédients secs. Ajouter le beurre en petits dés et pulser. Verser un peu d'eau glacée par la cheminée. Pulser plus longuement jusqu'à ce que la pâte se forme, qu'elle se tienne lorsque vous la pressez. Ajouter un peu d'eau glacée si elle demeure sèche ou trop grumeleuse. Former un disque plat. Réfrigérer 1 heure ou toute la nuit, en l'enveloppant hermétiquement. La pâte peut être congelée à cette étape-ci et décongelée ensuite la veille (1 nuit) au réfrigérateur. Aplatir au rouleau à pâte le disque qui a été chambré (laissé à la température de la pièce 10-15 minutes). Abaisser. Si elle ne se roule pas bien attendre encore un peu en la couvrant d'une pellicule plastique. Former une abaisse ou découper des cercles selon la taille désirée.

À la main : Former un puits au centre de la farine déposée dans un saladier. Utiliser 2 couteaux ou un coupe-pâte et suivre la façon d'incorporer les ingrédients au robot culinaire. Former un disque sur une pellicule plastique. Et envelopper. Réfrigérer 2 heures ou congeler en prenant soin de diviser en portions et congeler la croûte non utilisée si vous ne doublez pas la recette de garniture.

Cuisson partielle (précuisson) de l'abaisse de pâte brisée :

Préchauffer le four à 190 ºC (375 ºF). Piquer l'abaisse un peu partout avec une fourchette. Déposer une feuille d'aluminium ou parchemin sur la croûte à tarte; la faire déborder. Déposer du riz, des fèves ou des poids de cuisson dans le fond. Cuire 15 à 20 minutes jusqu'à ce que le bord commence à peine à dorer. Retirer les poids et le papier.

Cuire encore 5 à 8 minutes ou jusqu'à ce que le fond de tarte soit presque sec. Refroidir complètement sur une grille avant de garnir. Cuire avec la garniture choisie ou congeler.

Pour une cuisson complète de la croûte :

Cuire en 2e étape 10 à 12 minutes jusqu'à ce que le fond soit bien cuit et sec (cuisson « à blanc »). Refroidir complètement sur une grille.

Pâte à choux de base

24 à 32 portions

Ingrédients

250 ml (1 tasse) d'eau filtrée
125 ml (½ tasse) de beurre
250 ml (1 tasse) de farine tout usage
¼ c. à thé de sel
4 œufs

Recette

Préchauffer le four à 190 ºC (375 ºF). Mélanger la farine avec le sel. Porter l'eau à ébullition dans une casserole. Ajouter le beurre. Verser la farine d'un coup quand le beurre est fondu. Mélanger à la cuillère de bois et cuire ce mélange jusqu'à ce qu'il ne colle plus aux parois. Retirer du feu et ajouter les œufs 1 à la fois en battant énergiquement. Déposer par cuillérée (environ 15 ml -1 c. à soupe pour des choux moyens) sur une plaque de cuisson recouverte d'une feuille de papier parchemin en laissant 2,5 cm - 1 po entre chacun. Cuire 25 à 30 minutes où jusqu'à ce que les choux soient dorés. Refroidir sur une grille.

choux

Sauce tomate de base

Ingrédients

1 boîte (796 ml) de tomates écrasées
45 ml (3 c. à soupe) de pâte de tomates
500 (2 tasses) d'eau filtrée
60 ml (¼ tasse) de vin rouge
5 ml (1 c. à thé) de sucre
2,5 ml (½ c. à thé) d'origan séché
5 ml (1 c. à thé) de basilic séché
1 feuille de laurier
1 grosse gousse d'ail dégermée hachée
15 ml (1 c. à soupe) d'huile d'olive

Recette

Mélanger tous les ingrédients de la sauce dans un faitout. Mijoter à feu doux pendant 1 heure. Mouiller avec un peu d'eau ou de vin si nécessaire. Refroidir.

Sauce brune de base

Ingrédients

45 ml (3 c. à soupe) de beurre
60 ml (¼ tasse) de farine
500 ml (2 tasses) de bouillon de bœuf réduit en sel
5 ml (1 c. à thé) de miel
2 oignons tranchés
Sel de mer et poivre du moulin

Recette

Faire dorer les tranches d'oignons dans le beurre dans une poêle. Réserver dans la poêle. Ajouter la farine et mélanger. Faire brunir doucement à feu moyen-doux. Verser du bouillon tiède en fouettant pendant la cuisson. Mouiller et ajouter les oignons et le miel. Augmenter la chaleur. Verser le reste de bouillon et mélanger la sauce lorsqu'elle commence à frémir. Poivrer au goût. Mijoter à feu doux 10 minutes sans remuer. Passer au tamis (chinois). Refroidir.

Sauce de base aux légumes pour 1,75 l (7 tasses)

Ingrédients

1 boîte (28 oz-796 ml) de tomates broyées
30 ml (2 c. à soupe) de pâte de tomates
5 ml (1 c. à thé) de sucre granulé
250 ml (1 tasse) d'eau filtrée
125 ml (½ tasse) de vin rouge
1 oignon moyen haché
2 gousses d'ail dégermées hachées
1 petit poivron vert en dés
250 ml (1 tasse) de carotte râpée
30 ml (2 c. à soupe) de poivron rouge mariné haché finement
375 ml (1½ tasse) de champignons de Paris tranchés
15 ml (1 c. à soupe) d'huile d'olive extravierge
150 ml (2/3 tasse) d'olive noire tranchées (facultatif)
5 ml (1 c. à thé) et de basilic séché
½ c. à thé d'origan
Une pincée de chili broyé (facultatif)

Recette

Mélanger tous les ingrédients dans un faitout. Porter à ébullition puis réduire le feu. Mijoter à feu doux 1 heure avec le couvercle entrouvert. Brasser de temps à autre. Ajouter de l'eau en cours de cuisson si nécessaire. Refroidir.

Sauce exotique pour brochettes de poulet, bœuf et poisson

pour 500 ml (2 tasses)

Ingrédients

1 gousse d'ail pressée
10 ml (2 c. à thé) de gingembre haché finement
Pincée de chili broyé (facultatif)
60 ml (¼ de tasse) de sucanat (ou cassonade)
60 ml (¼ tasse) de sauce soja légère
375 ml (1½ tasse) de jus d'ananas
125 ml (½ tasse) de ketchup biologique
15 ml (1 c. à soupe) de farine (au service)

Recette

Mélanger les ingrédients de la sauce sauf la farine. L'utiliser pour mariner viande, volaille ou poisson au réfrigérateur et pour badigeonner pour griller au barbecue. Comme sauce d'accompagnement, mélanger la farine à quelques cuillères de sauce froide pour avoir une pâte. Chauffer la sauce. Ajouter la farine diluée et cuire jusqu'à épaississement. Refroidir.

Sauce béchamel de base

Ingrédients

90 ml (6 c. à soupe) de farine
60 ml (¼ tasse) de beurre demi-sel
500 ml (2 tasses) de lait mi-écrémé
Sel et poivre
Pincée de muscade

Recette

Chauffer le lait. Faire fondre le beurre. Hors du feu ajouter la farine et mélanger. Verser le lait d'un coup. Cuire 5 minutes en fouettant jusqu'à épaississement. Assaisonner et ajouter une petite pincée de muscade.

Conseils : pour une sauce moins serrée, utiliser un peu moins de farine de 22 ml à 30 ml -1½ à 2 c. à soupe par tasse (250 ml) de lait.

Recette de tofu ferme grillé de base

Ingrédients

250 ml (1 tasse)de cubes de tofu ferme
60 ml (¼ de tasse) de sauce soya légère
½ c. à thé de sauce Worcestershire
15 ml (1 c. à soupe) d'huile végétale

Recette

Couper le tofu ferme en tranches de ½ cm (¼ po, éponger en le déposant entre 2 épaisseurs de torchon ou de papier absorbant. Mélanger 60 ml (¼ de tasse) de sauce soja légère, ½ c. à thé de sauce Worcestershire et 15 ml (1 c. à soupe) d'huile végétale. Mariner 1 heure en retournant les tranches après 30 minutes. Griller de chaque côté sur un gril à panini ou dans une poêle chaude. Refroidir complètement avant d'emballer pour la congélation ou utiliser tout de suite dans une recette.

Index

abricots 104, 164, 190

agneau 22, 44, 60, 76, 95, 96, 195

aiglefin 25, 141, 146

amandes 20, 117, 118, 182, 189, 201

ananas 32, 47, 116, 124, 186, 191, 206, 218

arachides 48, 97, 140, 186

artichaut 27, 152

asperges 27, 44, 80, 170

aubergines 27, 44, 128, 131, 134

avocats 28, 57, 116

bacon 22, 23, 44, 79, 91, 104, 165, 166

banane 32, 66, 180, 186, 205

bananes plantains 66

béchamel 43, 134, 135, 138, 142, 143, 144, 145, 219

bettes à carde 72

bière 89, 113, 135

bleuets 17, 35, 44, 193

bœuf 4, 22, 44, 50, 54, 60, 70, 76, 84, 86, 88, 89, 90, 92, 93, 97, 99, 100, 101, 126, 156, 195, 216, 218

bœuf haché 60, 86, 88, 90, 97, 156

bok choy 20, 124, 141, 146

brocolis 109, 115, 140, 174

café 20, 42, 48, 49, 140, 159, 188, 189, 194

canard 24, 91, 110, 112, 160, 173

canneberges 44, 129, 198, 201

cari 83, 107, 117, 120, 146, 148

carottes 28, 30, 44, 72, 89, 91, 93, 95, 96, 104, 117, 118, 119, 126, 148, 159, 173

cassonade 61, 116, 180, 186, 189, 191, 192, 194, 201, 218

céleri 20, 28, 44, 72, 74, 79, 81, 82, 100, 109, 119, 120, 126, 130, 146, 148, 150, 167

cèpes 67, 86

champignons 29, 44, 67, 86, 88, 97, 101, 106, 113, 115, 134, 135, 143, 161, 162, 171, 217

cheddar 27, 44, 52, 67, 70, 98, 114, 156, 166, 174, 195, 200

chocolat 42, 48, 182, 183, 187, 190, 192, 196, 201, 205

chorizo 60, 67

chou 20, 29, 40, 44, 61, 76, 148, 172, 174

chou-fleur 29, 44, 172, 174

citrouille 33, 83, 107, 156, 188, 202

clémentines 109

Cognac 99, 184, 204

courges 44, 48, 132

courgette 29, 72, 96

couscous 107, 117, 118, 164, 172

crevettes 25, 44, 57, 145, 150, 162

dattes 33, 58, 180, 189

dinde 8, 23, 74, 107, 108, 109, 110

échalote française 82, 99, 110, 112, 129, 145

épinards 28, 30, 44, 67, 72, 78, 82, 88, 96, 109, 110, 132, 133, 134, 145, 151, 156, 160, 174

fenouil 30, 130, 173

feta 62, 151

fèves germées 45, 146

figues 33, 34, 63

fraises 17, 19, 34, 45, 112, 196, 205

framboises 19, 35, 45, 178

fromage à la crème 33, 94, 178, 188, 193

fromage bleu 45, 58

fromage de chèvre 55, 58, 202

fruit de la passion 34, 206

fumet de poisson 144, 145, 162

gélatine 20, 48, 99

gingembre 61, 77, 97, 107, 110, 116, 127, 141, 172, 188, 198, 218

graines de carvi 80, 170

graines de fenouil 130

graines de pavot 54, 73

graines de sésame 56, 120

graines de tournesol 159

Grenoble, noix de, 187, 188, 190

gruyère 52, 67, 70, 76, 133, 134, 135, 151, 170, 174, 195

haricots 30, 45, 72, 90, 91, 94, 95, 101, 114, 126, 129, 140, 156, 164, 167

jambon 45, 67, 79, 132, 134, 135, 187

jus d'orange 129

jus de citron 27, 28, 32, 55, 67, 83, 94, 113, 117, 118, 134, 135, 140, 143, 146, 162, 172, 181, 191, 193, 198, 201, 206

jus de légumes 81

jus de lime 57, 78, 83, 116, 186

ketchup 45, 54, 82, 88, 106, 114, 116, 138, 166, 218

laitue 40, 45, 98, 107, 124, 141, 146, 158

lapin 24, 99

lard 22, 44, 91, 99, 195

lentilles 72, 74, 82, 115, 160, 174

maïs 22, 30, 38, 45, 48, 49, 78, 81, 88, 96, 122, 139, 144, 154, 191, 192, 196, 198, 199, 204

mangue 35, 57, 120, 186, 206

marjolaine 72, 81, 126

mayonnaise 20, 45, 99, 117, 146, 148

miel 27, 45, 48, 86, 118, 124, 126, 127, 141, 178, 196, 198, 204, 216

morue 25, 140, 146, 151

mozzarella 70, 111, 131, 132, 133, 144, 174

noix 33, 36, 45, 49, 56, 64, 72, 107, 108, 109, 120, 159, 172, 180, 182, 186, 187, 188, 189, 190, 192, 202, 206

noix de coco 36, 120, 186, 206

noix de pin 64, 202

œuf 20, 38, 39, 41, 43, 45, 46, 52, 54, 58, 77, 86, 92, 96, 97, 100, 106, 107, 126, 132, 138, 142, 144, 158, 161, 168, 181, 185, 187, 188, 189, 193, 196, 202, 206, 210, 212

oignon 38, 66, 70, 74, 76, 79, 80, 81, 82, 86, 88, 89, 90, 91, 92, 93, 97, 98, 104, 106, 107, 108, 109, 113, 114, 116, 117, 118, 119, 126, 132, 135, 138, 140, 141, 142, 143, 144, 146, 148, 156, 159, 161, 162, 167, 168, 171, 172, 217

oignons rouges 101, 119, 199

oignons verts 45, 60, 61, 77, 86, 96, 116, 135, 138, 146, 151, 152, 156

pacanes 129, 181, 186, 187, 188, 194

pain 37, 38, 39, 40, 49, 57, 70, 72, 74, 75, 76, 79, 80, 82, 83, 86, 90, 96, 97, 114, 133, 146, 166, 180, 184, 189, 190, 200, 202

panais 46, 130

pancetta 22, 113, 150, 166

parmesan 56, 58, 64, 67, 72, 126, 128, 133, 144, 148, 150, 152, 158, 160, 162, 165, 167, 174

patate douce 138

pâte à tarte 39, 41, 55, 100, 138, 161, 170, 210, 212

pâte à tarte brisée 55

pâte de tomates 76, 90, 91, 104, 111, 128, 131, 150, 156, 167, 171, 215, 217

pâte feuilletée 40, 41, 52, 54, 58, 59, 67

pâte phyllo 60, 62, 63, 89

pâtes 20, 27, 39, 41, 43, 46, 49, 72, 77, 86, 92, 101, 111, 113, 126, 128, 132, 133, 134, 148, 150, 152, 158, 165, 166, 171, 174

pâtes aux œufs 72, 92, 113, 152

pêches 191

pecorino 131

pepperoni 132

pesto 64, 72

pétoncles 25, 46, 150, 162

pignons 86, 160

piment chili 61, 82, 98, 126, 156, 159, 217

piment jalapeños 90

poireau 31, 72, 75, 83

poires 55, 190, 201

pois 30, 31, 46, 72, 73, 77, 79, 89, 109, 110, 115, 120, 129, 141, 172

pois mange-tout 120

poivron vert 60, 114, 171, 217

pomme de terre 20, 31, 75, 88, 92, 98, 116

porc 4, 22, 46, 50, 54, 61, 99, 100, 122, 124, 126, 127, 128, 129, 130, 133

porto 99, 112

poulet 4, 23, 24, 50, 73, 75, 77, 78, 79, 81, 83, 91, 99, 104, 106, 108, 110, 111, 112, 113, 114, 115, 116, 117, 118, 119, 120, 124, 141, 145, 156, 162, 164, 167, 218

prosciutto 63

provolone 63

pruneaux 99, 118

prunes 46, 61, 62, 88

quinoa 109, 117

raie 140

raisins 37, 46, 55, 66, 108, 110, 180, 190, 195, 204

rhum 184, 204

ricotta 45, 132, 144

riz 20, 26, 46, 49, 61, 64, 74, 78, 86, 97, 107, 108, 110, 115, 117, 120, 124, 127, 129, 141, 143, 162, 168, 172, 178, 212, 213

romano 86, 111, 126, 128, 131, 150, 152

romarin 56, 62, 74, 101, 110, 119, 129, 145, 159, 162, 199

rutabaga 30, 74, 79, 94, 104, 119, 126

salami 59, 132

sauce soja 61, 77, 97, 127, 141, 146, 167

sauce tamari 61, 115, 120, 161

sauce tomate 31, 128, 131, 132, 134, 150, 215

saucisses 22, 46, 54, 76, 91, 107, 131

saumon 24, 138, 140, 142, 143, 144, 151

sirop d'érable 27, 49, 104, 135, 173, 187, 194

thon 24, 152

tilapia 141, 148

tofu 27, 46, 156, 167, 174, 219

tomates 20, 31, 40, 46, 47, 59, 60, 64, 66, 67, 72, 76, 81, 82, 90, 91, 93, 94, 98, 104, 107, 108, 110, 111, 114, 116, 128, 130, 131, 146, 150, 151, 156, 158, 160, 164, 165, 167, 171, 199, 202, 215, 217

tomates cerise 59, 116

tomates italiennes 60, 72

tomates séchées 67, 164, 165, 199, 202

tortillas 41, 114, 156

truite 24, 141, 142, 143, 151

turbot 141, 146

veau 22, 23, 46, 92, 93, 94, 100, 101

yogourt 27, 34, 43, 47, 107, 110, 117, 181, 182, 186, 190, 192, 201

À propos de l'auteure

Biographie

Louise Rivard a toujours démontré une grande créativité dans les projets qu'elle a entrepris et ce, depuis sa tendre enfance. Sa nature curieuse jumelée à un esprit de chercheur lui ont permis de s'introduire dans le monde culinaire tout naturellement. Diplômée dans le domaine des sciences de l'agronomie, avec une spécialité en horticulture ornementale, Louise a poursuivi des recherches sur les plantes médicinales, les fines herbes, les huiles essentielles et l'alimentation santé.

« J'ai découvert le plaisir de créer des plats, comme plusieurs, en observant ma mère qui m'a transmis d'excellentes bases en cuisine ».

Son premier livre de recettes originales, *La bible des smoothies* témoigne de sa vision avant-gardiste de la nouvelle cuisine savoureuse et inventive. Fascinée par les richesses de la nature et les saveurs de la cuisine internationale, elle nous a offert plusieurs excellents livres de recettes truffés d'informations techniques, avec un grand choix de recettes faciles à exécuter. *La bible du blender* avec son volet particulier de recettes de purées pour bébés et *La bible des conserves*, un autre ouvrage indispensable, répondent bien au rythme de la vie actuelle.

Louise Rivard occupe maintenant une place de choix dans l'univers culinaire québécois. Elle nous offre ici son neuvième livre : *Prêt-à-servir.*

Lorsqu'elle ne cuisine pas, elle est chroniqueuse à la radio et donne des conférences et des ateliers thématiques sur la cuisine et la santé.